ROUEN ET LA SEINE DE ROUEN AU HAVRE

ST GEORGES DE BOSCHERVILLE

...EGES-CAUDEBEC

...NE

...LLE

LE LONG DE LA COTE EN 1891

REVUE ANNUELLE

Je publie, depuis quelques années déjà, en tête des éditions annuelles de mes guides «*Bains de mer*», cette revue où je signale les changements intéressants qui se sont produits dans les localités décrites dans ces publications.

Je m'attache à rappeler, dans ces quelques pages, les événements dignes d'être notés; j'y dis autant que possible, à côté des résultats acquis, des améliorations réalisées, les projets qui chaque année surgissent dans le but d'améliorer, de développer, d'embellir, les diverses stations échelonnées tout le long de nos côtes normandes et bretonnes.

Je cherche à renseigner, aussi exactement que possible, mes lecteurs sur les variations — souvent très rapides, très imprévues, très considérables — qui se produisent, d'une saison à l'autre, dans la valeur des terrains et des propriétés bâties des stations balnéaires.

J'organise en ce moment un service de renseignements qui me permettra, dès l'année prochaine, — dans les éditions qui paraîtront au mois de mai 1893 — de guider *très exactement* ceux qui consultent mes guides, dans le choix de l'hôtel, de la villa où ils iront passer la belle saison au bord de la mer.

Mais les renseignements que je donne, et qui doivent toujours être très exacts, sont souvent fort difficiles à obtenir; j'accueillerai donc volontiers ceux que voudront bien me communiquer, en les appuyant de preuves suffisantes, tous ceux, membres des administrations municipales, propriétaires de terrains et villas, administrateurs et exploitants des grands établissements — hôtels, bains, Casinos, etc. — qui sont intéressés au développement et à l'accroissement de nos belles plages de la Normandie et de la Bretagne.

***

L'année dernière j'avais dû, quoique à regret, appeler l'attention des touristes sur les quelques cas de typhus qui, à la fin de 1891, s'étaient produits à Trouville et aux environs. La fin cruelle et foudroyante de Mme Samary, la toute rieuse et toute charmante sociétaire de la Comédie-Française avait attiré l'attention du grand public sur les conditions sanitaires de ces agglomérations, trop vite créées, trop vite grandies, pas du tout ou fort incomplètement munies des installations nécessaires pour donner à leur population estivale la certitude qu'elle y trouvera le grand air pur et réconfortant, l'atmosphère revivifiante, la vigueur et la santé qu'elle va chercher.

Trop souvent, dans ces villes de bains qui ont si rapidement surgi des sables, les administrations municipales, arrêtées par l'avarice des habitants, leurs électeurs, — âpres à recueillir les gros bénéfices que leur assure l'affluence toujours croissante des baigneurs, mais réfractaires en diable aux dépenses communes nécessaires — ne peuvent exécuter les travaux les plus urgents pour assurer la salubrité du pays. Certes on ouvre des boulevards magnifiques, de larges rues, certes on bâtit des villas élégantes, des hôtels grandioses, des casinos somptueux; tout ce que l'on peut voir est fort paré, très attirant. Mais presque partout, malheureusement, l'eau manque ou bien elle est malsaine, mais partout les égouts n'existent pas ou sont à l'état rudimentaire, nulle part la vidange des eaux ménagères, des matières fécales, l'enlèvement des débris, des détritus, ne sont assurés dans des conditions rationnelles. De là découlent bien des inconvénients graves, des dangers réels.

Et voici que nous sommes menacés d'une épidémie cholérique; quelques cas se sont produits dans la banlieue de Paris, à Chartres, ailleurs encore, on va s'enfuir des lieux contaminés. Qu'avez-vous fait, messieurs les édiles de nos stations balnéaires, pour garantir de la terrible maladie et vos administrés et les baigneurs qui, chaque saison, leur apportent la fortune ?

Sur le littoral méditerranéen avez-vous vus ces magnifiques stations hivernales, avez-vous étudié leurs installations, avez-vous visité ces hôtels si parfaitement aménagés, auxquels la Société d'hygiène, créée par nos voisins les Anglais — gens pratiques et grands touristes — a décerné des brevets de salubrité? Ne serait-il pas prudent et utile, patriotique même, que, nous aussi, nous créions une Association nationale, laquelle, avec autorité, nous dirait : ici vous pouvez venir, tout ce qui est utile pour assurer la salubrité du pays, la santé des habitants, a été fait, bien fait par nous-mêmes, aussi bien, sinon mieux, que par les Anglais ; ici l'air n'est souillé, par aucune impureté; ici l'eau est pure, abondante, bien filtrée ; ici les eaux ménagères, les vidanges, les détritus sont rapidement et soigneusement enlevés, les fosses, les égouts sont hermétiquement clos, ici vous trouverez réunies toutes les conditions les plus parfaites de l'hygiène, ici vous vivrez heureux, sans souci, sans aucune crainte.

Et les attestations de cette Association nous laisseraient certainement moins incrédules que les communiqués à la presse de M. le Maire de Trouville.

***

Partout, sur tous les murs, sur toutes les palissades, dans toutes les gares de chemin de fer, partout où on peut les voir, s'étalent grandes, immenses, criardes, les multicolores affiches de nos stations balnéaires. La mode est à la chromo-lithographie; pour attirer le regard il faut des images coloriées, soit; mais, pour Dieu, donnez-nous donc, messieurs, des dessins qui ne nous rappellent pas trop ces horribles images d'Epinal qui faisaient — ? — la joie de notre enfance. Vous voulez que nous allions chez vous — pas chez votre voisin — ; montrez-nous vos belles plages telles qu'elles sont ; n'affichez pas, comme Cabourg, d'immenses bâtisses toutes jaunes au bord d'une mer du plus beau vert épinard, ne faites pas comme ce *propriétaire* du principal hôtel de Paramé qui, d'un coup d'une magique baguette, a enlevé l'important bâtiment, lui a fait décrire un demi-tour à gauche et à transporté au bord de la plage — supprimant l'énorme digue — le jardin qui s'étend derrière l'hôtel ; c'est un véritable tour de passe-passe, Monsieur Parent, permettez-moi cependant de ne pas vous en adresser mes plus vives félicitations.

Allons, messieurs, puisque dans la lutte pour la vie et *pour l'argent* vous devez appeler à vous le public, faites, si vous le voulez, de la bonne et utile réclame, faites-en même beaucoup, — je n'y contredis pas, puisque j'en suis marchand — mais, de grâce, évitez ce *puffisme* ridicule et absurde.

Malgré la période favorable que nous traversons, malgré les hauts cours de la rente et des bonnes valeurs qui donnent aux capitaux un si faible revenu, on achète peu de terrains, on ne bâtit pas beaucoup au bord de la Manche. Les prix des terrains sont trop élevés et les détenteurs ont tort, à mon humble avis, de se montrer si exigeants. Ils devraient savoir faire des concessions intelligentes qui provoqueraient cartainement une reprise sérieuse. Pendant la longue crise qui a sévi de 1882 à 1889, la valeur des terrains et des propriétés bâties, dans les stations balnéaires a subi une dépréciation tellement forte que le public, quoiqu'on puisse lui dire, reste défiant. Pour le ramener, l'entraîner, il faut lui offrir terrains et villas à des prix doux qui lui laissent, en compensation des pertes possibles, une large chance de gros gains.

***

Courons rapidement, du Havre jusqu'à cap Fréhel, le long du littoral.

A Sainte-Adresse, à la Côte, rien à vous signaler; calme plat.

A Frascati, si admirablement placé à l'entrée de notre grand port de commerce, se porte, comme d'habitude, la foule des baigneurs élégants. C'est une véritable fête de passer quelques heureuses journées dans ces magnifiques établissements où l'on trouve bonne table, bon gîte, société charmante, concerts, bals, cercles, tout ce qui peut contribuer à rendre la vie douce. L'habile directeur de Frascati, toujours désireux de donner à ses clients des plaisirs nouveaux, a fait, cette année, construire une très coquette salle de spectacle où, plusieurs fois par semaine, une excellente troupe donne des représentations qui attirent la foule.

Je ne sais rien de Villerville.

Hennequeville est encore haut perchée sur sa croulante falaise.

A Trouville, l'hôtel de Paris reste le centre favori des grandes élégances; on retrouve, autour des tables de son beau restaurant qui domine la plage, toutes les célébrités du grand monde parisien et des riches colonies étrangères.

Tout au bout de la plage, au pied de la falaise, la jetée-promenade est en partie terminée et les bateaux à vapeur du Havre y aborderont, de deux voyages l'un, à partir du 1er août. Il sera difficile, ici comme à l'hôtel des Roches-Noires, d'attirer le public qui, longtemps encore, restera groupé à l'autre extrémité de la plage.

A Deauville toujours, sauf pendant la semaine des courses, le même silence, la même solitude.

De Villers-sur-Mer, de Houlgate, de Beuzeval, je n'ai rien à vous dire.

A Cabourg, M. G. Masson, après un essai qui a duré trois années, a renoncé à son droit au bail du Grand-Hôtel et du Casino; il n'y avait sans doute pas trouvé le succès sur lequel il comptait. Les nouveaux propriétaires de ces établissements ont, me dit-on, remué pas mal de moellons. Je leur souhaite bon succès ; cependant je retrouve là, comme directeur, un homme qui n'a pas fait bail avec la chance.

Rien de neuf aux bains de mer de la côte de Caen où vont toujours, le dimanche, les habitants de la préfecture du Calvados.

A Granville aussi, rien de nouveau, si ce n'est une étonnante affiche du Casino qui nous montre, perchée sur une haute banquette une grande et vilaine femme qui s'abrite contre la pluie — est-ce bien de la pluie ? — derrière je ne sais quoi, peut-être ses jupes soulevées par le vent.

Passons sans nous y arrêter à Paramé dont je regrette de n'avoir rien à vous dire, où rien de sérieux n'est tenté pour relever cette station qui avait été d'abord si bien lancée par ses puissants créateurs, mais qui, depuis quelques années, subit de bien pénibles alternatives; passons aussi rapidement à Saint-Malo, la curieuse ville bretonne resserrée dans ces vieilles murailles, et hâtons-nous de traverser la Rance, d'arriver à Dinard.

Nous voici enfin sur cette magnifique plage, en face du Casino que dirige si sagement M. Rival, de cet Hôtel des Terrasses si admirablement placé, si luxueusement installé, si habilement administré! Son succès, dès l'ouverture, il y a quatre ans, a été immédiat; depuis il s'est toujours accentué; il est, du reste, parfaitement justifié. Cette excellente maison possède aujourd'hui une brillante et aristocratique clientèle qui aime à s'y retrouver chaque année; c'est là qu'a résidé, l'été dernier, le Grand-Duc Michel de Russie. L'Hôtel des Terrasses est le seul de Dinard, qui soit construit tout au bord de la grève, et tous, quand nous allons à la mer, nous voulons habiter tout auprès de ces plages si charmantes, où nous trouvons ce repos si complet, si doux, cet oubli absolu des exigences, des soucis, de l'agitation perpétuelle de la vie outrancière de nos grandes cités,

A Saint-Lunaire peu ou pas de changements, des projets, qui se réaliseront peut-être? A Longchamps toujours la solitude, des grèves, une grande plage désertes; à Saint-Briac on continue à potiner sur les plages en très petit comité.

Nous voici au terme de notre rapide excursion; nous arrivons à La Garde-Saint-Cast. Cette charmante petite station balnéaire bien plantée au milieu du long promontoire qui se prolonge jusqu'au cap Fréhel, continue à se développer sagement; son créateur, M. Marinier, y consacre son temps, son activité, son intelligence; il voit avec joie croître, se développer, les plantations dont il a couvert ses terrains jusqu'au bord même de la plage; elle leur font déjà un splendide manteau de riches verdures. On a bâti là quelques belles villas; l'hôtel, ouvert il y a trois ans, je crois, est fort bien tenu; au fort de la saison vous trouverez difficilement à vous y loger. Saint-Cast deviendra certainement une plage très fréquentée.

G. S.

GUIDES ARTISTIQUES SIMONS

Aux Eaux, à la Mer, au Soleil

ROUEN

ET

LA SEINE DE ROUEN AU HAVRE

PAR

GUSTAVE SIMONS

PARIS

E. DENTU, ÉDITEUR

LIBRAIRE DE LA SOCIÉTÉ DES GENS DE LETTRES

3, PLACE DE VALOIS, PALAIS-ROYAL

CHAPITRE PREMIER

ROUEN

Le vieux Rouen et le Rouen moderne. — Ses anciens monuments militaires. — Cathédrale de Notre-Dame. — Eglise Saint-Maclou. — L'aître Saint-Maclou. — L'abbatiale de Saint-Ouen. — Saint-Vincent et ses belles verrières. — La tour Saint-André. — Saint-Godard. — La tour de Saint-Laurent. — Les vitraux de Saint-Patrice. — L'église Saint-Romain. — La crypte de Saint-Gervais. — Le chancel roman de Saint-Paul. — Le Prieuré de Bonne-Nouvelle. — Hôtel du Bourgtheroulde, ses bas-reliefs, ses triomphes, l'entrevue du camp du Drap d'Or. — Le Palais de Justice. — La maison de Diane de Poitiers. — La tour du Beffroi et la fontaine de la Grosse Horloge. — Le bureau des Généraux et l'Hôtel de la

Cour des Comptes. — Les Musées. — L'Abbaye de Saint-Amand. — La chapelle de Saint-Romain et le Miracle de la Gargouille. — Les quais, les ponts, les promenades.

Au VIe siècle, dans ces temps si troublés, *Rouen*, l'ancienne *Rothomagus* des Gallo-Romains, était une cité florissante; ses évêques, issus pour la plupart, comme ceux de Tours, de Reims et de Clermont-Ferrand, d'anciennes familles sénatoriales, luttaient contre les violences des seigneurs franks et des rois de la race de Mérovée.

A cette terrible époque de notre histoire, la vieille race gauloise, qui s'était si rapidement et si complètement assimilé la civilisation romaine, était dominée, écrasée, par les *guerriers aux longs cheveux* venus de l'Orient; mais, plus instruite, plus civilisée, elle luttait toujours, et devait bientôt absorber la race conquérante.

Rouen, alors, environné des marais que formait le fleuve, renfermé dans ses remparts étroits, avec ses églises et ses maisons de bois, ses rues étroites, sa population touffue, a vu se dérouler, dans ses murs, de grands et magnifiques drames. Tous nous savons les luttes épouvantables, les crimes monstrueux qui ensanglantèrent la France après la mort de Chlother, tous nous connaissons les deux grandes figures de Brunehilde, la fille des rois goths, femme de Sighebert, et de l'ancienne servante Franke Frédégonde, la concubine puis l'épouse de Hilperik.

C'est à Rouen que, après l'assassinat de Sighebert, fut exilée Brunehilde; c'est dans la cathédrale de cette ville que Merowig, l'aîné des fils du roi de Neustrie, fut uni à la veuve de son oncle par son parrain l'évêque Prætextatus; c'est dans la petite église de Saint-Martin, bâtie sur les remparts de la ville, que Merowig et Brunehilde se réfugièrent lorsque Hilpérik, ayant appris le mariage de son fils, accourut à

Rouen. « C'était, — dit Augustin Thierry, *Récits des temps mérovingiens*, — une de ces basiliques de bois communes alors dans toute la Gaule, et dont la construction élancée, les piliers formés de plusieurs troncs d'arbres liés ensemble, et les arcades nécessairement aiguës à cause de la difficulté de cintrer avec de pareils matériaux, ont fourni selon toute apparence, le type original du style à ogives, qui, plusieurs siècles après, fit invasion dans la grande architecture. »

C'est encore dans la cathédrale de Rouen, sur les marches mêmes de l'autel, que tomba, percé de coups, l'évêque Prætextatus, assassiné par les émissaires de Frédégonde; après la mort de son mari, la reine s'était retirée dans sa magnifique villa de Vaudreuil. Il faut lire dans Augustin Thierry et dans Grégoire de Tours les récits imagés de ces épisodes de l'histoire des Franks.

Mais cette époque sinistre où furent commis tant de crimes monstrueux était aussi l'époque des profonds repentirs : les rois, les grands, nouveaux convertis, avaient des accès de foi ardente ; alors ils croyaient expier leurs forfaits en fondant des monastères qu'ils dotaient richement. Ce sont les descendants de Clovis qui ont érigé et enrichi les Abbayes de Saint-Ouen de Rouen, de Jumièges, de Montivilliers, de Fécamp, de Saint-Taurin d'Evreux, et aussi cette Abbaye de Saint-Wandrille, près de Caudebec, où, suprême expiation, vint s'éteindre obscurément Childéric III, le dernier des Mérovingiens.

Au IXe siècle, à l'époque des incursions des Normands, Rouen fut presque entièrement détruit. De l'antique ville gallo-romaine, de la vieille cité franke, il ne reste aucun monument ; les premières constructions des Normands eux-mêmes ont laissé ici peu de traces : les magnifiques édifices, les splendides habitations que nous visiterons tout à l'heure, datent toutes de l'époque ogivale et de la Renaissance.

Henry Beyle l'avait fort bien observé; il nous dit dans ses *Mémoires d'un Touriste*: « A l'époque où régnait la mode du gothique, Rouen était la capitale de souverains fort riches, gens d'esprit et encore tout transportés de joie de l'immense bonheur de la conquête de l'Angleterre, qu'ils venaient d'opérer comme par miracle. Rouen est l'Athènes du genre gothique. »

* * *

Lorsque Beyle, il y a cinquante ans, décrivait Rouen, la vieille cité normande devait être splendide à voir. « Ce qui est admirable à Rouen, c'est que les murs de toutes les maisons sont formés de grands morceaux de bois placés verticalement à un pied les uns des autres ; l'intervalle est rempli par de la maçonnerie. Mais les morceaux de bois ne sont pas recouverts par le crépi; de façon que de tous côtés l'œil aperçoit des angles aigus et des lignes verticales. Ces angles aigus sont formés par certaines traverses qui fortifient les pieds-droits et les unissent, et présentent de toutes parts la forme du jambage du milieu d'un N majuscule. Voilà, selon moi, la cause de l'effet admirable que produisent les constructions gothiques de Rouen; elles sont les capitaines des soldats qui les entourent ».

Déjà dix ans plus tard, Rouen avait perdu une partie de son cachet, ses quais... mais j'aime mieux vous citer ces quelques lignes d'Alphonse Karr : « La ville de Rouen pour ceux qui la voient seulement en descendant le fleuve ou en passant sur ses quais, a l'aspect d'une ville toute neuve et régulièrement bâtie. — Ses quais sont bordés d'une rangée de hautes maisons plates et jaunes, dont le plus grand nombre des habitants sont très fiers : ça sert à cacher la ville qui est pleine de rues étroites, tortueuses, un peu humides, il est vrai, mais aussi de monuments précieux et de maisons pittoresques, avec des corniches et des frises curieusement sculptées. Les habitants veulent bien nous montrer la cathédrale, Saint-Ouen, Saint-Patrice, etc., magnifiques églises, mais ils sont un peu honteux de vous faire traverser les rues plantées de maisons du même âge, en harmonie avec ces chefs-d'œuvre : ils n'aspirent qu'à voir un jour ces monuments, au milieu d'une ville neuve, toute régulière, toute plate et toute jaune, comme les quais ; ce qui leur donnera l'air étrange et dépaysé qu'aurait eu, pour ne pas remonter plus haut, Sully à la cour de Louis-Philippe. »

Aujourd'hui, la vieille ville n'existe plus, ses anciennes fortifications ont été transformées en larges boulevards ; de grandes artères toutes droites ont été tracées en 1860, supprimant les rues les plus curieuses, abattant les antiques maisons de bois. Mais Rouen a conservé ses grands monuments et, en les cherchant bien, nous verrons encore quelques rues tortueuses, quelques vieilles habitations fort remarquables.

Je ne vous tracerai pas un itinéraire de Rouen : il faut, évitant les grandes rues droites, courir la ville au hasard et voir les monuments que vous rencontrez partout, au fur et à mesure qu'ils se présentent à vos yeux. Dans les églises, dans les vieux hôtels, vous rencontrerez des portes fermées et des cicérones attitrés qui vous rappelleront ce que disait Victor Hugo après avoir visité le Munster de Fribourg-en-Brisgau : « Le sacristain s'est réservé le chœur et les chapelles de l'abside. On entre, mais on paye ; du reste, on ne regrette pas son argent. »

Si vous avez le même tempérament que moi, si vous aimez à voir longuement les choses dont la beauté vous frappe, à passer rapidement devant les choses banales, payez grassement ces trop obligeants cicerones, et priez-les de vouloir bien vous épargner les descriptions convenues, et souvent fausses, qu'ils récitent vingt fois par jour aux *victimes qu'ils accompagnent.*

Rouen n'a presque rien conservé de ses anciens monuments militaires. Sur le *Mont Sainte-Catherine* et sur le *Mont Turinge*, quelques mouvements de terrains paraissent indiquer qu'il a existé, sur ces points, des camps retranchés. Dans la ville basse, un coin très pittoresque où se trouvent les places de la *Basse-Vieille-Tour* et de la *Haute-Vieille-Tour*, qui communiquent entre elles par un long passage voûté, nous montre l'emplacement où s'élevait la puissante forteresse de Richard Ier, qui fut détruite, de fond en comble, par Philippe-Auguste. Ce souverain fit construire, sur le penchant de la colline de Bouvreuil, une immense forteresse dont les murailles étaient flanquées de sept grosses tours, et enferma Rouen dans une enceinte dont le tracé nous est indiqué par les boulevards qui contournent la ville ; sur les boulevards Martainville, Saint-Hilaire et Beauvoisine, quelques débris de l'enceinte murée du XIIIe siècle subsistent encore.

Une des tours du château de Philippe-Auguste, la tour *Jeanne d'Arc*, nous a été conservée : acquise il y a quelques années par la municipalité de Rouen, des Dames Ursulines auxquelles elle appartenait, elle a été rétablie telle qu'elle avait été construite : c'est une tour ronde, haute de troi étages, garnie des hourds de bois dont on la munissait en temps de guerre, et couverte d'un comble aigu que couronne un magnifique épi. C'est là que siégèrent les assassins de Jeanne d'Arc, les juges iniques qui condamnèrent au bûcher la grande héroïne française.

Sur la côte Sainte-Catherine, vous pourrez voir des traces de l'ancienne forteresse de *Sainte-Catherine*, qui était contemporaine du *Vieux Château* de Philippe-Auguste.

Si Rouen nous montre peu de restes de ces édifices militaires du moyen âge, elle nous a conservé intacts ses magnifiques monuments religieux, chefs-d'œuvre de l'art gothique. Il faut voir et admirer l'immense *cathédrale* dédiée à *Notre-Dame*, la splendide église abbatiale de *Saint-Ouen*, l'admirable église *Saint-Maclou*, *Saint-Gervais*, *Saint-Vincent*, *Saint-Godard*, *Saint-Patrice*.

Lorsque, au sortir de la rue des Carmes, vous arrivez sur la place de *la Cathédrale*, lorsque vous apercevez cet immense portail inachevé, surchargé de sculptures, ces deux immenses tours si dissemblables, ce haut clocher qui s'élève au-dessus de la croisée avec sa rigidité métallique, vous subissez une impression bizarre, difficile à analyser : on reste étonné, perplexe.

Mille détails magnifiques, splendides, appellent votre admiration, et cependant vous luttez et restez froids : l'ensemble du monument manque d'harmonie. Pour saisir toutes les beautés de la façade principale de la cathédrale, il vous faut faire un effort, la décomposer, isoler l'une de l'autre ses parties trop diverses.

De la grande cathédrale romane, commencée en 1063 par

l'archevêque Maurile et incendiée en l'an 1200, il reste seulement quelques parties peu importantes : la partie inférieure de la tour de Saint-Romain, les deux portes latérales du grand portail, les deux chapelles circulaires du transept et les deux petites chapelles de l'abside. La reconstruction de l'église, entreprise sous le règne de Philippe-Auguste et achevée avant la fin du XIIIe siècle, nous offre un singulier mélange des architectures ogivales, française et normande. Le conquérant de la Normandie a voulu, bien certainement, marquer son empreinte sur les parties de l'église qui ont été reconstruites de son temps, par des architectes de l'Ile-de-France; plus tard, le génie local a repris ses droits, et les parties de la cathédrale qui ont été édifiées dans la seconde moitié du XIIIe siècle accusent nettement l'origine normande de leurs architectes.

La *tour de Saint-Romain*, à gauche du portail, est, je crois, l'unique spécimen à Rouen de la belle architecture romane. Les parties planes de cette tour sont ornées d'arcatures variant de l'arcade semi-circulaire au cintre légèrement brisé qui marque la transition du plein cintre à l'ogive; cependant ses grandes lignes architecturales, ses contre-forts sans aucun ornement, les sculptures de ses arcatures, qui représentent des billettes, des boutons, lui conservent bien son caractère roman. Le pavillon qui couronne la tour Saint-Romain est de la fin du XVe siècle; il a été exécuté sous les ordres de l'architecte Guillaume Pontifz; la crête du comble, ouvrage en fer du XVIe siècle, est très curieuse.

La *tour de Beurre*, à droite du grand portail, a été commencée en 1485; voici l'origine de son nom : « Chacun sçait, — dit Pommeraye dans son *Histoire de l'église cathédrale de Rouen*, — qu'elle a eu ce nom à cause de la permission que le cardinal Guillaume d'Estouteville obtint, pour les fidelles du diocèse de Rouen et d'Evreux, d'user de beurre et de laict pendant le caresme... Robert de Croismare, — archevèque de Rouen, — destina au bastiment de cette tour les deniers qui furent offerts par les fidelles pour reconnoissance de cette faveur... La tour ne fut achevée qu'en 1507. » Elle est l'œuvre des architectes Guillaume Pontifz et Jacques le Roux. Son style est lourd, elle est surchargée d'ornements magnifiques dans leurs détails et par leur exécution. Les statues qui la décorent sont très intéressantes, on y retrouve une grande variété de costumes. C'est l'œuvre d'une époque de décadence, les grandes lignes architecturales sont sacrifiées à une trop riche ornementation.

Entre la tour romane de Saint-Romain et la tour de Beurre, type de l'art ogival décadent, s'élève le *grand portail*, réédifié, pour la troisième fois, par le cardinal Georges Ier d'Amboise, au commencement du XVIe siècle, sous les ordres des architectes Roullant le Roux et Jacques le Roux. S'il me fallait vous décrire ce portail, sa grande porte centrale, dont le tympan est orné d'un arbre de Jessé, — généalogie du Christ, — les quatre grands contre-forts qui l'épaulent, et qui, tant ornés et chargés de sculptures qu'ils soient, produisent un si désagréable effet, ses pignons aigus, dentelés, ses galeries ajourées, ses pinacles, ses nombreuses statues, je devrais y consacrer une vingtaine de pages; c'est un entassement de sculptures trop fines, trop délicates : qui résistent mal aux efforts du temps, laissent toujours tomber quelques-unes de leurs parties, et donnent au grand portail de la cathédrale de Rouen cet aspect minable qui frappe le spectateur à première vue.

En arrière-plan, derrière le portail, se dresse, rigide et froide, *métallique*, la haute *pyramide en fonte* qui a été construite, de 1824 à 1876, sous les ordres de l'ingénieur Alavoine. La *tour centrale*, en pierre et de forme carrée, qui lui sert de base date du XIIe siècle; elle a subi au XVIe des remaniements peu heureux; elle reste cependant une élégante construction, munie d'arcatures à l'intérieur et à l'extérieur. Vous remarquerez qu'en Normandie cette mode de construire sur les quatre piliers de la croisée de grandes tours centrales a persisté plus longtemps que dans les autres provinces de France.

Vous ferez le tour de la cathédrale. Contournez d'abord la tour Saint-Romain qui est isolée sur trois de ses côtés; près d'un des angles de sa façade est appliquée une tourelle carrée qui contient l'escalier: c'est un chef-d'œuvre d'architecture romane sobre et élégante; elle est terminée par une grande pyramide octogone. Voyez dans la partie inférieure d'une des deux grandes baies géminées ouvertes à l'étage supérieur de la tour Saint-Romain une large arcade qui devait servir pour le passage des grosses cloches : elle n'a été pratiquée qu'au XIIIe siècle, et paraîtrait indiquer qu'avant cette époque les cloches étaient montées dans les tours pendant leur construction, ou, plus probablement, qu'elles étaient de très petite dimension.

Il faut entrer ensuite dans la *cour de l'Albane*, qui servait jadis de cloître aux chanoines de la cathédrale de Rouen : c'est certainement le plus beau cloître, possédant un premier étage, qui nous ait été conservé, en partie du moins. Il a été construit vers le milieu du XIIIe siècle, et est remarquable par le luxe de son ornementation et le fini de ses détails. Voici la description d'une de ses travées donnée par Viollet-le-Duc dans son *Dictionnaire raisonné de l'Architecture* : « Ces travées sont larges, percées à la base par quatre arcades libres portées sur des colonnettes monolithes,

Au-dessus de ces arcades, la claire-voie est vitrée. L'archivolte est épaisse, composée de deux rangs de claveaux, celle supérieure servant de formeret aux voûtes à l'intérieur. Ces archivoltes soutiennent un grand talus sur lequel viennent pénétrer les piles et trumeaux des fenêtres jumelles du premier étage. Une corniche à double rang de crochets et une balustrade dont les quatrefeuilles seuls sont ajourés couronnent le premier étage, qui porte chéneau. Au milieu de la tête de chacun des contre-forts, complètement dépourvus d'ornements, sort une gargouille rejetant à l'extérieur l'eau recueillie dans les chéneaux. Des pinacles surmontaient ces contre-forts : ils sont malheureusement détruits. »

Les deux pignons des transepts de la cathédrale de Rouen sont couverts par de magnifiques portails qui ont été reconstruits dans le cours du XIVe siècle : le *portail de la Librairie*, — Nord, — et le *portail de la Calende*, — Sud. — Ils sont, l'un et l'autre, de véritables merveilles, qui attestent le talent, on pourrait même dire le génie des architectes et des sculpteurs normands qui les ont construits. Le *portail de la Librairie*, devant lequel vous vous trouvez, est généralement désigné, à tort je crois, sous le nom de *portail des Libraires* : il était voisin, au moyen âge, de la partie du cloître où se trouvait installée la bibliothèque, — *la Librairie*, — du chapitre. Ce portail se distingue par une pureté de lignes et une élégance de style absolument remarquables. Les statues qui le décorent ont un charme inimitable, un sentiment vraiment chrétien et une idéale beauté de forme. Sur le tympan du portail, on voit des bas-reliefs représentant la *Création du monde* et le *Jugement dernier*, deux sujets qui ont été très fréquemment sculptés dans nos églises du moyen-âge. Vous remarquerez aussi une série de sujets bizarres, quelquefois grotesques et même obscènes, des êtres hybrides et monstrueux représentant des scènes empruntées aux Métamorphoses d'Ovide. Ce portail, comme celui de la Calende, est accompagné de deux tours carrées terminées en terrasse, hardiment dessinées, extrêmement légères. Les vantaux, du XVIe siècle, de l'avant-portail de la Librairie sont remarquables et méritent d'attirer votre attention. Il faut ensuite traverser le transept dans toute sa longueur pour aller voir, au côté Sud, le *portail de la Calende :* cette belle façade, flanquée de ses deux tours carrées, est entièrement couverte de magnifiques sculptures qui représentent des scènes de l'Ancien-Testament et de la légende des Saints, et aussi de nombreux animaux réels ou fantastiques empruntés aux bestiaires du XIIIe siècle. Les claires-voies de ce portail sont admirablement composées : dans la partie inférieure à la galerie, elles sont ornées, dans les lobes, de bas-reliefs qui figurent le Couronnement de la Vierge ; des deux côtés du Christ et de sa mère sont placés deux anges et deux séraphins ; la partie au-dessus de la galerie est complètement ajourée ; les rampants des gâbles sont garnis de redents d'une grande délicatesse. Les architectes Desmarest et Barthélemy ont restauré, il y a quelques années, les portails de la Calende et de la Librairie avec un soin et une perfection qui leur font honneur.

De la petite place qui se trouve en face du portail de la Calende, vous verrez fort bien l'extérieur de la nef, de l'abside et de la chapelle de la Vierge. Quelques détails attireront tout spécialement votre attention ; voyez, aux sommets des contre-forts de la nef, ces niches peu profondes destinées à recevoir des statues ; examinez cette belle corniche où les arcatures romanes se mêlent aux crochets du XIIIe siècle ; admirez les élégants pinacles du XIVe siècle qui couronnent les contre-forts de la chapelle de la Vierge : finement sculptés dans la pierre de Vernon, ils sont d'une délicatesse telle qu'ils semblent plutôt exécutés en métal qu'en pierre. Au sommet de cette chapelle, il y a un fort bel épi du XVIe siècle qui réprésente une Vierge tenant l'Enfant-Jésus.

Il faut pénétrer dans la cathédrale de Rouen par le grand portail : vous apprécierez mieux ainsi ses vastes proportions, son aspect grandiose, ses beautés et ses défauts. « De 1200 à 1225, — a dit Viollet-le-Duc, — on construisait *la nef* de la cathédrale de Rouen, où l'on établissait bénévolement une disposition semblable à celle qu'un accident avait provoqué à la cathédrale de Meaux, c'est-à-dire qu'on étrésillonnait toutes les piles de la nef entre elles parallèlement à l'axe de l'église, à peu près à moitié de leur hauteur, au moyen d'une suite d'archivoltes simulant une galerie de premier étage qui n'existe pas et n'a jamais existé. »

Cette disposition est fort singulière, on n'en comprend pas le motif, et l'œil n'est pas satisfait. L'étroite galerie de service qui passe sur ces arcatures contourne les piliers de la nef sur des encorbellements auxquels l'architecte a cru devoir donner une importance considérable ; plusieurs de ces culs-de-lampe sont formés de feuillages qui paraissent sortir des joints de la pierre. Les arcades, au-dessus de cette galerie, s'ouvrent donc directement sur les bas-côtés, dont la hauteur est précisément la moitié de celle de la nef ; les voûtes des collatéraux s'appuient, en conséquence, sur les archivoltes de la nef, et les fenêtres forment des baies d'une hauteur démesurée.

La nef de la cathédrale de Rouen était, lors de sa construction, dépourvue de chapelles : celles que vous voyez ont été construites à la fin du XIIIe siècle entre les contre-forts.

A la croisée du transept et de la nef, des arcs-doubleaux très puissants, formés d'un faisceau de tores séparés par des gorges, supportent la tour centrale. Il faut voir dans le croisillon Nord un bel escalier gothique par où l'on monte à la Librairie : il a été construit à la fin du XVe siècle par le cardinal Guillaume d'Estouteville. Sur chacun des croisillons du transept s'ouvre une chapelle circulaire accolée au chœur de l'église et dont la construction remonte au XIIe siècle.

Le *chœur* de la cathédrale de Rouen, comme ceux des églises ogivales primitives, ne possède qu'un seul collatéral ; les chapelles sont en très petit nombre ; cette disposition a permis d'ouvrir dans les bas-côtés de grandes baies, qui furent encore élargies au XVe siècle, et qui projettent dans le sanctuaire une vive lumière. La construction des deux petites chapelles circulaires, placées à droite et à gauche du chœur, remonte au XIIe siècle. La chapelle absidale, *chapelle de la Vierge*, placée dans l'axe de l'église, a été construite au commencement du XIVe siècle, sur l'emplacement d'une ancienne chapelle circulaire ; elle a une importance capitale : c'est une petite église à l'extrémité orientale de la grande cathédrale. Elle est certainement une des plus belles chapelles absidales qui aient été construites à cette époque.

La cathédrale de Rouen renferme une grande quantité d'œuvres d'art qui en font un véritable musée ; elle a de nombreuses verrières fort belles des XIIIe, XVe et XVIe siècles. Vous trouverez les œuvres remarquables des peintres verriers du moyen-âge dans quelques-unes des chapelles de la nef, dans les grandes baies du collatéral du chœur, dans la *chapelle Saint-Barthélemy* et dans une des chapelles du transept. Les plus beaux vitraux du XIIIe siècle que possède la cathédrale de Rouen se trouvent dans la troisième chapelle au Nord de la nef, qui porte le nom de *Saint-Jean-de-la-Nef* ou *des Belles-Verrières :* vous y verrez quatre grands panneaux où sont représentés divers sujets, entre autres la *Vie de Saint-Jean* et la *Légende de Saint-Nicolas.*

Parmi les vitraux qui remplissent les réseaux des grandes baies ogivales du chœur, vous remarquerez ceux où sont figurées des scènes de la *Vie de Saint Julien-le-Pauvre,* de la *Vie de Saint Sever* et du *Martyre du Patriarche Joseph.*

Nous ignorons les noms des auteurs de ces magnifiques vitraux; mais, en fouillant les vieux comptes de la cathédrale de Rouen, on a retrouvé les noms des artistes auxquels sont dues les grandes verrières de la Renaissance. Voici la liste qu'en a donnée Langlois :

1488 à 1530, Jean Barbe;
1540 à 1545, Olivier Tardif;
1562 à 1569, Noël Tardif;
1574 à 1603, Mahiet, — Mathieu, — Evrard.

Ces beaux vitraux des XVe et XVIe siècles, que vous reconnaîtrez facilement à l'élégante composition de leur dessin, à l'habile distribution des fonds, à l'éclat et à la variété de leurs couleurs, sont éparpillés un peu partout : vous les trouverez dans la grande *chapelle de Saint-Etienne* sous la Tour-de-Beurre, dans les chapelles *Saint-Eustache, Sainte-Catherine,* etc., au Sud de la nef; dans les chapelles de *Saint-Julien* et de *Saint-Nicolas* au Nord, et dans la chapelle du *Grand-Saint-Romain,* qui s'ouvre sur le transept Nord. La plus belle de ces verrières de la Renaissance, la seule qui puisse être comparée aux splendides vitraux de Saint-Vincent, est celle où sont représentées les *Sept Vertus Chrétiennes.*

La cathédrale de Rouen contient de magnifiques monuments funéraires : dans le collatéral du chœur, près de la chapelle de la Vierge, se trouve le *tombeau de l'archevêque Maurile,* mort en 1235; il est d'un très beau travail: la statue du prélat est couchée sur une arcature que surmonte un gâble peu élevé. Dans les chapelles de la nef on a rétabli ou reproduit quelques-unes des anciennes sépultures qui existaient autour du chœur et qui avaient été détruites, soit à la fin du XVIe siècle, alors que la cathédrale fut pillée par les iconoclastes normands, soit au XVIIIe, quand les chanoines de Rouen firent relever le sol du sanctuaire. Ce sont les tombeaux de *Rollon*, dans la chapelle du *Petit-Saint-Romain*, et de *Guillaume Longue Epée*, dans la chapelle *Saint-Anne*. Dans le collatéral, contre la clôture du chœur, vous verrez le *tombeau de Richard Cœur de Lion* : le gisant de ce prince est la reproduction d'une ancienne statue du XIIIe siècle dont l'original, retrouvé en 1838 par M. Deville, est déposé au musée d'antiquités; la statue qui orne le *tombeau de Henri II*, placé de l'autre côté du chœur, est moderne; elle est traitée dans le style du XIIIe siècle.

Le dallage de Notre-Dame de Rouen contient un grand nombre de pierres tombales de différentes époques et dont l'étude est intéressante; il en est de fort anciennes, remarquablement gravées.

Lorsque vous pénétrerez dans la *chapelle de la Vierge*, vous resterez frappé d'admiration à la vue des magnifiques œuvres d'art qui la décorent : à gauche, les *tombeaux de Pierre* et de *Louis de Brézé*; à droite, celui des *cardinaux d'Amboise*. Pierre de Brézé était grand-sénéchal de Normandie; il fut tué, en 1465, à la bataille de Montlhéry; son tombeau a été construit dans la chapelle de la Vierge, de 1488 à 1492, dans le style de transition de l'art gothique à la Renaissance; c'est un très gracieux monument. Une arcade plein cintre, finement découpée, repose sur deux pilastres ornés d'arabesques, et supporte un magnifique fronton décoré de riches sculptures, de pinacles élancés et d'une très belle galerie; une statue qui était placée dans la niche a disparu : elle fut, dit-on, brisée, en 1562, par les calvinistes.

Tout à côté s'élève, en placage aussi, la magnifique sépulture de *Louis de Brézé* : il était petit-fils de Pierre de Brézé et, comme lui, sénéchal de Normandie ; il était aussi l'époux de la belle *Diane de Poitiers*. C'est elle qui fit construire ce beau mausolée. Dans un des cartouches elle dit sa grande douleur et son inconsolable veuvage : elle était alors à la cour de François Ier ; magnifique et froide dans ses habits de veuve, blanc et noir, elle dominait le dauphin ; elle fut, pendant tout le règne de Henri II, la véritable reine de France.

Le tombeau de Louis de Brézé, commencé en 1536, fut achevé en 1544 ; il a 7 mètres 30 de hauteur et 3 mètres 25 de largeur ; il est construit tout entier en marbre blanc et en marbre noir : c'est un magnifique type de l'architecture de la Renaissance à sa plus belle époque ; il est admirablent ordonné, et conserve, malgré la richesse de son ornementation, ses grandes lignes architecturales. Il se compose de deux étages superposés : au centre de la partie inférieure, sur un sarcophage de marbre noir, drapé dans un linceul, est couché le corps du mort, admirable statue digne du ciseau de Jean Goujon ; près de sa tête, la statue agenouillée de sa veuve Diane de Poitiers ; à ses pieds, une Vierge debout tenant l'Enfant-Jésus dans ses bras, œuvre de Nicolas Quesnel. De chaque côté du sarcophage, deux pilastres et deux colonnes d'ordre corinthien forment avant-corps et supportent une frise sur laquelle on lit la devise des Brézé : *Tant grate chèvre que mal giste* ! Elle sert de séparation entre le premier et le second étage, au centre duquel, sous une haute arcade en plein cintre, se trouve une statue équestre et armée de toutes pièces, de Louis de Brézé ; le couronnement est supporté par deux groupes de cariatides, peut-être trop mouvementés, figures symboliques qui représentent d'un côté le *Triomphe* et *la Fidélité*, de l'autre, *la Prudence* et *la Gloire*; la frise du second étage est décorée de magnifiques ornements. «... Jamais, — dit Léon Palustre, — le sentiment de l'antiquité ne s'est accusé d'une façon plus remarquable que dans la frise du second étage, où des lions ailés, séparés par des urnes élégantes, sont tournés deux à deux vers une victoire assise, le buste nu, qui s'apprête à les couronner. » Au-dessus de l'entablement, au centre, dans un tabernacle, s'élève une figure de femme ailée, et, de chaque côté, sur des acrotères, vous admirerez les chèvres debout qui tiennent devant elles des écussons chargés des chiffres *L. B.*

Retournez-vous : vous voici devant le magnifique *tombeau des cardinaux Georges Ier et Georges II d'Amboise.*

Singulière figure, celle de Georges Ier d'Amboise, favori, ministre et *maître* de Louis XII, instrument des Borgia. « J'ai vu, revu dix fois, — dit Michelet, *Histoire de France*, — sur son tombeau, à Rouen, la statue du cardinal et de son neveu, bons, excellents portraits, impitoyablement fidèles. Vous diriez la forte encolure d'un paysan normand; sur cette large face et ses gros sourcils baissés, vous jureriez que ce sont de ces parvenus qui, par une épaisse finesse, un grand travail, une conscience peu difficile, ont monté à quatre pattes. Et vous vous tromperiez. Ce sont des nobles de la Loire. Phénomène curieux ! pendant que le bourgeois tâchait de se faire noble, ceux-ci, nés nobles, pour faire fortune, changèrent de peau, se firent bourgeois. Les rois se défiaient trop des nobles: la première condition pour les rassurer et leur plaire était de se faire simples, grossiers de forme et de manière, *pauvres gens, bonnes gens.* Et la seconde condition pour réussir était de se faire homme d'église, de mettre cette affiche, de n'avoir pas d'enfants, de ne pas fonder de maison, de ne vouloir en ce monde *que sa pauvre petite vie*....... Le nouveau roi, le cardinal d'Amboise, fut tellement désintéressé qu'il ne voulut jamais qu'un bénéfice, l'archevêché de Rouen. Ce pauvre homme, à sa mort, laissa vingt-cinq millions. Toute sa vie il eut secrètement une grosse pension de Florence, de quoi il fit l'aveu au roi à son lit de mort. » Vingt-cinq millions, et il avait, en grande partie du moins, construit Gaillon !

Voilà, de main de maître, le portrait du premier cardinal d'Amboise : il vous fera comprendre mieux sa statue agenouillée. Derrière lui, priant, est Georges II d'Amboise, son neveu, qui fut aussi cardinal-archevêque de Rouen : c'est lui qui, de 1520 à 1525, a fait construire ce magnifique mausolée, exécutant ainsi une clause du testament de son oncle : «..... Et pour faire ma tombe j'ordonne deux mille écus au soleil, et j'entends qu'elle soit de marbre ».

Georges II était alors archevêque de Rouen, mais il n'était pas encore cardinal. La statue, en habit d'archevêque, œuvre de Jean Goujon, était, dit-on, fort belle; en 1550, Georges II mourait cardinal, et par son testament il ordonnait que cette statue fût remplacée par une autre « portant habit de cardinal ». Celle-là, nous la voyons pompeuse et médiocre; l'œuvre magnifique de Jean Goujon est perdue : ce vaniteux caprice du prélat nous a privé d'une belle œuvre d'art.

Le tombeau des cardinaux d'Amboise est une œuvre de la première époque de la Renaissance; on avait voulu confier la direction des travaux à Pierre Valence, qui refusa, et il fut exécuté d'après les dessins et sous les ordres de Roullant le Roux, qui sut s'adjoindre, pour ce travail, d'habiles imagiers dont les noms nous ont été conservés : Pierre Desobaulx, l'auteur de l'Arbre de Jessé placé au-dessus de la porte principale du portail, doit avoir sculpté les statues des apôtres qui ornent le couronnement du tombeau; André le Flament et Regnaud Thérouyn, auxquels on doit les statues des Vertus qui décorent le piédestal; Jean Chaillou, Jean de Rouen, Mathieu Laignel. Œuvre d'architecte, le tombeau des cardinaux d'Amboise est cependant trop surchargé de sculptures: il n'en est pas moins un magnifique monument, l'un des plus grands de ce genre; il est construit tout entier en marbre, et non pas, comme on le dit souvent, en marbre et en albâtre; la partie supérieure du monument est faite d'un marbre spécial provenant du Dauphiné et dont l'apparence laiteuse a pu causer cette erreur.

Le soubassement est orné de sept pilastres, décoré d'arabesques et de figures de moines priant, qui séparent l'une de l'autre les statues des Vertus, *la Foi, la Charité, la Prudence, la Tempérance, la Force, la Justice;* la septième Vertu, *l'Espérance*, se trouve dans une niche du pilier latéral gauche et est maladroitement coupée par la tablette de marbre noir qui couvre la partie inférieure du monument; on lui a donné pour pendant, à gauche, une statue de *la Virginité*. Au-dessus de la partie inférieure du monument sont, un peu plus grandes que nature, les statues à genoux, priant, des deux cardinaux d'Amboise; en arrière des priants et formant tapisserie, sont sculptées les armes de la famille d'Amboise, « *pallé d'or et de gueules de six pièces* » alternant avec les armes du duché de Normandie, « *de gueules à deux léopards d'or mis l'un sur l'autre* »; au-dessus, au centre, l'on voit un magnifique bas-relief qui représente le *Triomphe de Saint Georges sur le dragon*, à gauche duquel sont placées, dans des niches, les statues de *Saint Grégoire*, pape, de la *Vierge-Mère* et de *Saint Jean-Baptiste*;

à droite, celles de *Saint Romain*, archevêque de Rouen, de *Saint Jérôme* et de *Saint Ambroise*, archevêque de Milan. Une voussure soutenue par les piliers latéraux forme dais et porte le couronnement; la frise, richement ornée d'arabesques et de figures ailées, anges ou amours, est fort belle et est décorée de trois pendentifs, peut-être un peu trop volumineux; l'attique nous montre, dans des niches fort élégantes, les douze apôtres groupés deux à deux et, entre les pilastres qui séparent ces niches, des figures de prophètes. Au sommet du monument se dressent treize pinacles, admirablement travaillés, lanternons ajourés alternant avec des candélabres pyramidaux. Tel est actuellement, dans son ensemble, le splendide mausolée des cardinaux d'Amboise; il devait produire un effet bien plus grand encore lorsque, à son achèvement, il venait d'être décoré par les peintres Richard Duhay et Léonard Feschal, lorsque les statues recouvertes de teintes diverses s'enlevaient vigoureusement sur les fonds azurés et sur les ornements couverts d'or.

Dans cette même chapelle de la Vierge, vous verrez aussi le monument élevé en 1857, sous les ordres de l'architecte Barthélemy, à la mémoire du *cardinal prince de Croy*, archevêque de Rouen, mort en 1844; il est traité dans le style du XIVe siècle : aux pieds du gisant est un ange tenant l'encensoir.

Vous remarquerez encore la belle clôture en pierre ornée de statues de la *chapelle absidale de Saint-Barthélemy*.

Quant au *Jubé* qui a été élevé devant le chœur, sous la direction de Couture à la fin du XVIIIe siècle, c'est une lourde et disparate composition qui, bien malencontreusement, vient rompre l'harmonie des belles lignes de la nef et du chœur.

Le maître-autel de la cathédrale de Rouen n'offre aucun intérêt. Il faut voir près des autels placés dans les entre-colonnes une jolie statue de *la Vierge* et surtout la statue de *Sainte-Cécile*, œuvre remarquable du sculpteur Clodion

Les stalles en bois connues sous le nom des *miséricordes* sont fort belles, elles ont été exécutées, de 1457 à 1459 par Philippe Viart, *maitre-huchier* de Rouen, pendant l'épiscospat de Guillaume d'Estouteville; c'est une bizarre et spirituelle débauche de sculptures, où l'on remarque de singuliers accouplements de formes, mais leur étude attentive nous fait connaître les costumes et les instruments des nombreuses corporations du moyen-âge.

Il y a, à Notre-Dame de Rouen, quelques belles peintures; les chapelles de *Saint-Sever* et de *Saint-Jean-des-fonts*, au transept Nord, ont conservé des grisailles remarquables du XIIIe siècle; sur l'autel de la *chapelle de la Vierge* vous avez vu une *Adoration des bergers*, très beau tableau de Philippe de Champaigne; une *Samaritaine*, de Tardieu et une *Mise au tombeau*, de Poisson, sont placées à droite et à gauche du chœur. J'ai encore à vous citer la belle châsse du XIIIe siècle que vous verrez dans le *trésor* de la cathédrale, les magnifiques tapisseries d'Aubusson qui, à certains jours de l'année, servent à la décoration de la nef et la belle porte en fer de la sacristie, ouvrage du XVe siècle.

Il reste de beaux fragments, autour de la cathédrale de Rouen, des dépendances considérables qui s'étaient successivement groupées autour d'elle, cloître, bibliothèque, sacristie, salle capitulaire et bâtiments de l'archevêché.

***

A quelques pas de la cathédrale, derrière l'évêché, au bout de la rue Saint-Romain. vous trouverez l'église *Saint-Maclou*, la plus belle, à mon avis, qu'ait produit, en Normandie, l'art gothique. Cette admirable église a été construite d'un seul jet, sans aucun remaniement, sur les plans d'un architecte qui était un véritable artiste; nous connaissons son nom, il s'appelait *Pierre Robin*. La première pierre de Saint-Maclou avait été posée en 1436, le monument terminé en 1521, fut consacré au culte par le cardinal archevêque de Rouen, Georges II d'Amboise. Saint-Maclou ne vous frappe pas par ses grandes dimensions, l'église, à l'intérieur, n'a que cinquante mètres de longueur et vingt-cinq de largeur, mais, dans ses dimensions restreintes, elle apparaît magnifique par son ordonnance si belle, par l'ensemble, la concordance de toutes ses lignes architecturales. C'est un vrai bijou, une châsse gothique admirablement sculptée.

Sa façade occidentale, qui mériterait d'être dégagée plus complètement des constructions qui l'entourent, est une véritable merveille ; elle est certes un des plus beaux exemples de l'art gothique arrivé à sa plus grande perfection, de cette époque que l'on a appelée *prismatique* et dont l'éminent architecte, Pierre Robin, a su éviter tous les défauts.

Ce magnifique porche à cinq pans, avec ses pignons aigus si bien proportionnés à la largeur des grandes baies ogivales, garnis de claires-voies si finement tracées entre leurs gâbles décorés de gracieux redents, avec les arcatures si légères qui bordent sa plate-forme, avec ses pinacles élancés, ce haut pignon de la nef avec sa grande baie ornée d'un beau fronton ajouré et qui enserre une rosace si délicatement sculptée, avec ses élégantes tourelles polygonales, avec les doubles contre-forts ornés sur leurs rampants d'arcatures et de galeries, qui, de chaque côté, soutiennent ce pignon et viennent s'y rattacher si harmonieusement, puis en arrière-plan, cette belle tour carrée du transept avec ses grandes baies ogivales, ses élégants contre-forts d'angles, son haut clocher moderne tout ajouré, tout cela forme un ensemble merveilleux qui force l'admiration.

Les façades latérales de Saint-Maclou moins richement décorées sont cependant fort belles; voyez, dans la rue Martainville, le pignon du transept Nord largement percé de ses deux grandes baies ogivales couronnées de frontons et étroitement enfermées entre deux contre-forts couverts de belles sculptures; faites encore quelques pas, dans cette même rue, pour voir l'abside de l'église; vous remarquerez ici l'absence de la chapelle de la Vierge; contrairement à l'usage général, les chapelles absidales de Saint-Maclou sont en nombre pair, la grande chapelle qui, d'ordinaire, dans les églises gothiques est construite dans l'axe même de l'église n'existe pas ici. Cette particularité très-rare entraîne une disposition toute spéciale de la partie supérieure du chevet de l'église et l'habile architecte de Saint-Maclou a su en tirer profit.

Revenez, avant de pénétrer dans la nef, à la façade principale de l'église; sous le porche, s'ouvrent trois portes devant lesquelles vous vous arrêterez longuement : au-dessus de la porte centrale conduisant dans la nef, au tympan, vous verrez un bas-relief où sont représentés la *Résurrection* et le *Jugement dernier ;* les portes latérales sont divisées, dans leur hauteur, par un linteau en accolade et la partie supérieure de la baie renferme, dans ses meneaux, de beaux vitraux; les portes du grand portail de Saint-Maclou, couvertes de fort belles sculptures, sont un des meilleurs exemples de la menuiserie de la Renaissance; elles sont généralement attribuées à Jean Goujon. Il n'est cependant pas certain que le grand sculpteur ait exécuté entièrement ces trois portes, mais l'une d'elles, celle du Nord, à gauche, la Porte des Fonts, est certainement son œuvre.

Ce magnifique vantail est divisé en hauteur par une corniche saillante que supportent quatre consoles. Le panneau supérieur est le plus richement décoré. Sur la corniche, au premier plan, nous voyons les quatre statues très mouvementées de *Saint Jean l'Evangéliste*, de *Saint Jean-Baptiste*, de *Moïse* et d'*Abraham;* en arrière-plan, entre ces statues, sont les figures allégoriques du *Printemps*, de l'*Hiver* et de l'*Eté*. « L'*Automne* fait défaut, — dit M. Paul Baudry, — comme si l'artiste eut voulu dire que le chrétien ne moissonne qu'au Ciel. »

Le grand médaillon rond inscrit dans un cadre carré, au milieu de ce panneau, représente la *Parabole du bon Pasteur :* trois larrons dérobent des brebis renfermées dans un parc, l'un d'eux tombe en franchissant la clôture; au côté gauche, le Bon Pasteur, un bras levé, explique la parabole à un pape, à un roi, à un évêque et à un homme du peuple. Sur les montants, *Saint Pierre* fait pendant à *Melchisédech* et *Saint Paul* à *Aaron*. A l'intérieur, cette porte est aussi couverte de sculptures; on y voit un beau médaillon, où le Mercenaire est figuré abandonnant son troupeau, tandis que le Berger le défend contre les attaques d'un loup.

La grande porte, au centre, est fort bien décrite par l'éminent abbé Cochet: « La grande porte est, — dit-il, — formée de deux vantaux divisés horizontalement chacun en deux parties. Dans la partie inférieure est une porte de service dont le cartouche central porte un mascaron de bronze, le tout encadré par des moulures saillantes. Les deux dormants sont ornés de pentes de fruits, que surmonte une niche avec statue. La partie supérieure est ornée d'un médaillon circulaire encadré dans un carré et porté par quatre figures de ronde bosse. Des niches, abritant des statues et des cartouches, accompagnent latéralement ce motif principal. Une figure de

Dieu le Père surmonte chaque médaillon. L'un des vantaux figure la Loi ancienne, *Lex vetus;* l'autre, la Loi nouvelle, *Lex gratiæ*. Les deux médaillons du haut résument les deux Testaments : sur l'un est la Circoncision, et sur l'autre le Baptême. Le médaillon de la *Circoncision* est soutenu par Saint Grégoire, Saint Jérôme, Saint Augustin et Saint Ambroise, qu'accompagnent, à droite et à gauche, Énoch et Élie. Celui du *Baptème* est porté par les quatre Évangélistes, escortés, à droite et à gauche, par Moïse et Gédéon.

Dans les niches de la partie inférieure, et encadrant les petites portes, sont les figures allégoriques de la *Paix*, de la *Justice*, de la *Foi* et de la *Charité*.

La troisième porte du grand portail est distribuée de la même façon : les deux médaillons représentent l'un l'*Arche d'alliance* dont l'Église applique le titre à Marie et l'autre la *Mort de la Vierge*. »

La sculpture de ces deux dernières portes est plus abondante, plus grasse, plus riche aussi, mais moins légère, moins fine; elle accuse le goût exagéré de luxe de l'époque où elles ont été construites. Les portes de Saint-Maclou, projetées vers le milieu du règne de François Ier, n'ont été achevées qu'en 1560, et il paraît que le travail avait été longuement interrompu. Pendant cette longue période de plus de quarante-cinq années, le style de la Renaissance avait subi d'assez grandes modifications.

Mais pénétrons dans l'église. Rien d'aussi beau, d'aussi élancé, que cette splendide nef de Saint-Maclou : ici, plus de colonnes, plus de chapiteaux, plus de bagues; l'art gothique arrive à sa perfection, les nervures des piliers s'élèvent, d'un seul jet, du sol de l'église jusqu'au sommet des voûtes. Étudiez bien ce magnifique système de voûte française dont Philibert de l'Orme, au XVIe siècle, en pleine Renaissance, reconnaissait la perfection : « Aujourd'hui, — dit-il dans son livre *l'Architecture*,— ceux qui ont quelque cognoissance de la vraye architecture ne suivent plus cette façon de voulte, appelée entre les ouvriers *la mode françoise*, laquelle véritablement je ne veux despriser, ains plustot confesser qu'on y a faict et pratiqué de fort bons traicts et difficiles ». Toute cette architecture est admirablement proportionnée; les bas-côtés de la nef, les chapelles latérales, les hauts transepts, le chœur avec son collatéral et ses chapelles absidales, tout se lie harmonieusement et forme un ensemble ravissant.

La haute tour qui s'élève au-dessus de la croisée des transepts forme lanterne et jette un point lumineux en avant du sanctuaire.

L'orgue de Saint-Maclou, qui date de 1520, est l'œuvre de *maître Arthur Fillon*. Le buffet est porté par de magnifiques colonnes corinthiennes de marbre noir dont les chapitaux ont été sculptés par Jean Goujon; on accède à l'orgue par un escalier de pierre enfermé dans une élégante tourelle découpée à jour, construite, de 1518 à 1520, dans le style flamboyant, délicat et charmant type de sculpture ornementale gothique. Vous verrez aussi, avant de quitter l'église, dans la chapelle de *Notre-Dame de Pitié*, quatre très beaux confessionnaux. Les grandes baies ogivales, les roses de Saint-Maclou sont ornées de fort beaux panneaux de peinture translucide; nous connaissons les noms des artistes qui les ont exécutés entre 1521 et 1584 : Gabriel Havène, 1521; Michel Besoche, 1535; Pierre Anquetil, 1541; Soyer Repel, 1565; Michel Evrard, 1578, et Guillaume Le Viel, 1584. Ces verrières ont été malheureusement mutilées; les plus remarquables sont celles qui représentent la *Vie de la Vierge*, un *Crucifiement* et un *Arbre de Jessé*.

*
* *

Je ne vous ai pas signalé la fontaine, très jolie, qui se trouve à l'angle Nord-Ouest de l'église Saint-Maclou, elle est fort délabrée; c'est un charmant édicule, construit dans le style de la Renaissance, adossé au contre-fort gauche de l'église. On l'attribue à Jean Goujon : deux amours, très naturalistes, donnaient l'eau à la façon du Mannckenpiss bruxellois.

Vous irez ensuite voir l'*Aître Saint-Maclou* dans lequel on pénètre par une grande porte, au nº 188 de la rue Martainville. C'était l'ancien cimetière paroissial de Saint-Maclou. Les trois galeries Ouest, Est et Nord furent construites de 1526 à 1533; la galerie Sud date du XVIIe siècle; ce cimetière fut supprimé en 1785, en même temps que beaucoup d'autres cimetières de Rouen, qui, à cette époque, en comptait 80 dans son enceinte : il sert actuellement d'école; les galeries ont été fermées maladroitement et cet intéressant monument a perdu beaucoup de son intérêt.

Aître, singulière dénomination qui dérive du mot latin *atrium*, nous peint ces *maisons* des morts, ces cimetières restreints entourés de galeries comme l'était l'atrium de la maison romaine.

Les trois galeries du XVIe siècle, surmontées d'un étage, sont portées sur de riches colonnes reposant sur un soubassement mouluré, partagées, en hauteur, entre des cannelures et des bas-reliefs sculptés dans le fût même, et qui représentent une danse macabre; chaque colonne est décorée d'un groupe de deux figures : un squelette hideux, implacable, entraîne dans la tombe un personnage vivant; ces sculptures ont malheureusement été mutilées, à la fin du xvie siècle, par les protestants iconolastes de Rouen; ce qui nous en reste suffit cependant pour nous montrer la grande verve, la puissante originalité des *ymaginiers* Denis et Adam Lesselin et Gauthier Leprevost qui les ont conçues et exécutées.

*
* *

En suivant la rue de la République, après votre visite de Saint-Maclou, vous arriverez bientôt sur la place de l'Hôtel-de-Ville. Voici *Saint-Ouen*, la grande église abbatiale; elle est presque entièrement entourée d'un vaste square peuplé de grands arbres, très bien ombragé. Cette église est certainement le chef-d'œuvre de l'architecture régulière du xive siècle; elle fut seulement achevée, à l'exception cependant du grand portail qui est moderne, dans le cours du xve siècle. — L'histoire de l'Abbaye de Saint-Ouen nous montre les grandes et cruelles alternatives qu'elle a eu à subir. A-t-elle été fondée à la fin du ive siècle par Saint Victrice? on l'affirme généralement sans pouvoir le prouver; mais ce qui est certain, c'est qu'elle fut richement dotée, vers 530, sous le règne de Clother Ier, par Sainte Clotilde, la veuve de Clovis, qui fit construire une grande église dédiée aux apôtres Saint Pierre et Saint Paul. Au vi^e siècle, Saint Ouen établit dans ce monastère les moines de l'ordre de Saint-Benoît, et, lorsque, en 692, les reliques du saint archevêque furent déposées dans l'église, l'Abbaye et son abbatiale furent placées sous le vocable de Saint Ouen. Lors des premières invasions des pirates du Nord, l'Abbaye de Saint-Ouen fut pillée et presque entièrement détruite; elle fut restaurée par les premiers Ducs Normands. Nicolas, Abbé de Saint-Ouen, fit construire, de 1043 à 1126, une nouvelle basilique, qui fut incendiée quelques années après son achèvement; reconstruite de nouveau en 1136, l'église périssait par le feu au milieu du XIIIe siècle : une seule tourelle circulaire, nommée *Chambre-aux-Clercs*, fut épargnée, et nous la voyons encore dans l'angle que forment le transept Nord et les chapelles du chœur; son architecture romane très sévère, très pure, sans aucun ornement, appartient bien à l'art du XIe siècle. Marc d'Argent, Abbé de Saint-Ouen, posa, le 25 mai 1318, la première pierre de l'église actuelle, dont la construction fut poursuivie pendant les XIVe, XVe et XVIe siècles. Durant cette longue période de trois cents ans, l'art gothique subissait des transformations notables, qui s'accusent nettement dans les diverses parties de Saint-Ouen; cependant l'aspect général, l'ensemble de cette belle église est harmonieux et fort élégant; j'excepte seulement la grande façade occidentale, dont je ne sais pas apprécier les prétendues beautés. E. Reclus, décrivant sommairement les monuments de Rouen, caractérise d'un mot le grand portail de Saint-Ouen : « Une déplorable construction moderne ».

Jusqu'en 1840, cette façade était inachevée : deux tours de dimensions colossales, commencées au XVIe siècle, avaient été élevées seulement à une hauteur de vingt mètres; elles couvraient un porche dont les larges baies conduisaient dans un vaste parvis formé par la saillie des tours; c'était une très ingénieuse, très originale disposition. Lorsque l'achèvement de cette façade fut décidé en 1840, on n'osa continuer l'œuvre commencée sur de si grandes proportions : on construisit une façade monumentale, pastiche imparfait des styles de l'art gothique aux XIVe et XVe siècles; la composition générale est sans élan, l'ornementation manque de pureté, les claires-voies des pignons, les meneaux de la grande rosace, sont d'un dessin trop cherché, sans style, incorrects et lourds.

Cinq grandes baies, trois en façade, deux latérales composent le grand portail; deux tours pyramidales s'élèvent aux deux côtés du pignon de la nef qui est percé d'une grande rose. Le pignon, les voussures du portail, sont couverts d'innombrables statues de saints, d'évêques, d'abbés, de ducs,de princes et de seigneurs,bien exécutées si vous le voulez, mais généralement médiocres. La construction de la façade occidentale, commencée en 1846, était terminée en 1852.

Pour moi, la vraie façade de Saint-Ouen, celle qui nous montre la belle architecture des XIVe et des XVe siècles de cette grande église, est certainement la façade méridionale. Elle est heureusement, bien en vue. — Entre ses contre-forts sobrement ornés, voyez, remplissant tout le vide, les grandes baies à meneaux rayonnants, si bien dessinés, du bas-côté de la nef; dans la cinquième travée, sous la fenêtre, s'ouvre une élégante petite porte du XVIe siècle; presque au centre, sous le beau pignon du haut transept, un portail formant porche, le *Portail des Marmousets* est une œuvre magnifique; à droite, l'abside se développe entourée de son collatéral et de ses onze chapelles absidales surmontées de balustrades, peut-être, un peu grêles; la chapelle de la Vierge dans l'axe de l'église a une grande importance.

Au-dessus de cette façade, la belle tour carrée construite à la croisée de la nef et des transepts domine tout le monument. Flanquée de ses quatre tourelles octogonales, largement percée de grandes baies ogivales que surmontent des frontons ajourés, elle s'élève majestueuse et puissante; la partie supérieure, construite au XVe ou au XVIe siècle, forme, entre les tourelles élevées auxquelles elle s'appuie par des contre-forts, un pavillon octogone très élégant, couronné d'une fort bellebalustrade, décoré de nombreux pinacles élancés et de redents très marqués. Le portail des Marmousets, élevé au xve siècle et restauré il y a quelques années avec beaucoup de soin, forme un porche surmonté d'un étage qui contient le chartrier, — bibliothèque, — de l'église. Le plan de ce porche est fort original : c'est une des plus belles constructions de ce genre que je connaisse; son ornementation est très riche, et laisse cependant aux lignes architecturales toute leur netteté; la voussure est ornée de nombreuses statues; celle de Saint Ouen, qui se détache sur le trumeau, repose sur un socle orné de bas reliefs où sont représentées des scènes de la vie du Bienheureux; elle est très belle. Au tympan, des sculptures remarquables figurent la *Mort*, l'*Assomption* et le *Couronnement de la Vierge*.

La façade du Nord est en grande partie cachée par ce qui reste des anciens bâtiments de l'abbaye : vous pourrez y voir cependant une partie de l'ancien cloître assez bien restaurée.

Il faut pénétrer dans Saint-Ouen par le grand portail. Le beau plan, si simple, de l'église abbatiale vous apparaît ainsi dans son ensemble : nef sans chapelles, transept avec bas-côtés, chœur avec collatéral et chapelles rayonnantes. On reste frappé d'admiration, on s'absorbe dans la contemplation de cet ensemble si bien ordonné, si léger, si parfait. Les piliers de la nef et du chœur projettent avec de légères modifications les arcs-doubleaux et les arcs ogives des voûtes; ils conservent cependant encore des chapiteaux. Au-dessous des voûtes, les espaces, laissés entre les piliers, sont presque complètement occupés par les grandes baies; au-dessous des fenêtres hautes, la galerie du triforium est entièrement ajourée, et paraît former le socle des magnifiques tableaux de peinture translucide qui décorent ces fenêtres. L'église est pleine d'une lumière chaude et douce qui met en valeur tous les membres de l'architecture; « au milieu, d ces anciens édifices entièrement ajourés, entre les nerfs principaux de l'ossature, il circule comme une atmosphère lumineuse et colorée qui satisfait les yeux autant que l'esprit. On se sent à l'aise dans ces vastes cages, qui participent de la lumière extérieure en l'adoucissant. C'est en grande partie à cette judicieuse introduction des rayons lumineux que ces vaisseaux doivent de paraître beaucoup plus vastes qu'ils ne le sont réellement. Aussi l'église abbatiale de Saint-Ouen, qui n'est, après tout, que d'une dimension très ordinaire, paraît-elle rivaliser avec nos grandes cathédrales. » VIOLLET-LE-DUC, *Dictionnaire d'architecture*. La simplicité des lignes, la pureté du style, l'absence de tout ornement étranger, contribuent aussi à donner l'église de Saint-Ouen cet aspect svelte et tout aérien.

La décoration intérieure de l'Abbatiale consiste presque tout entière dans ses belles verrières, qui datent de l'époque de la construction de l'église et ont été fort bien restaurées dans ces dernières années. Nous ne voyons plus ici, comme dans les vitraux des XIIe et XIIIe siècles, des petits personnages en nombre infini ; ce sont de grandes figures saillantes, plus grandes que nature, abbés, prélats, apôtres, prophètes, revêtus de riches costumes, un peu fantaisistes, mais très décoratifs. Les vitraux, du côté Nord de l'église, nous montrent des patriarches, des prophètes, personnages célèbres de l'Ancien Testament depuis Adam jusqu'à Jésus-Christ; au chevet, un grand vitrail figure *Jésus-Christ en croix*. Les verrières du côté Sud sont consacrées à la représentation de personnages du Nouveau Testament, apôtres, évangélistes, pontifes, martyrs, et des plus célèbres abbés de l'ordre de Saint-

Benoît. La rose du transept Sud, au-dessus du portail des Marmousets, contient une magnifique peinture sur verre : Dieu est figuré au centre autour de lui, dans les rayons, sont les rois de Juda assis sur des trônes d'or. Dans les chapelles du collatéral, il y a aussi quelques belles verrières. — Peu de tableaux à Saint-Ouen ; je n'en ai remarqué et ne vous en signalerai qu'un seul : un magnifique *Saint François d'Assises* de Lesueur. — Dans les chapelles absidales, vous verrez quelques dalles funéraires des XIIIe, XIVe et XVe siècles. Les tombeaux de l'abbé Nicolas, constructeur de l'église du XIe siècle, et de l'abbé Marc d'Argent, qui entreprit la construction de l'Abbatiale que nous voyons encore, ont été de nos jours rétablis dans le style du XIVe siècle ; ils sont dans la chapelle de la Vierge.

*

Vous avez vu la cathédrale, Saint-Maclou, Saint-Ouen ; il existe encore à Rouen un grand nombre de monuments religieux, quelques-uns méritent une visite attentive.

Vous irez d'abord, rue Jeanne-d'Arc, visiter l'église *Saint-Vincent*, qui portait jadis le nom de Saint-Vincent-sur-Rive ; elle a été fort bien décrite par Paul Baudry. Cette église du XVIe siècle est plus remarquable par la beauté de quelques-uns de ses détails que par son ensemble, qui est irrégulier, imparfait et mutilé. Au portail principal, vous verrez un très-beau porche gothique d'un très-élégant dessin, ruiné en partie, dépouillé de sa galerie supérieure ; la fenêtre qui décorait le pignon de la nef a été oblitérée ; le tympan de la porte principale est recouvert des vestiges d'un bas-relief qui représentait le *Jugement dernier* d'après Michel-Ange. Sur le collatéral Sud, s'ouvre une très belle porte de style gothique. Le chœur, construit par Guillaume Touchet, de 1511 à 1530, au commencement de la Renaissance, conserve encore cependant les principaux caractères du style gothique : vous y remarquerez la persistance de l'arc en tiers-point.

A l'intérieur, l'église se compose d'une nef petite et basse, accompagnée de collatéraux et de grandes chapelles ; le chœur, spacieux et élevé, est malheureusement trop orné, surchargé, par l'architecte Defrance, d'une fâcheuse décoration du style Pompadour. Les deux sacristies construites au chevet de l'église sont modernes.

Saint-Vincent possède d'admirables vitraux, dont quelques-uns sont de véritables chefs-d'œuvre, dus aux célèbres peintres verriers de Beauvais, Engrand Le Prince et Jehan Le Prince, son fils. Le plus beau de ces vitraux est certainement celui qui représente, dans une série de scènes superposées, *les Dons de la Miséricorde*; on y lit les monogrammes E.L.P. et I.L.P. Sur ce beau fond bleuté, caractéristique de l'école de Beauvais, se détachent des personnages au maintien noble et élégant qui se meuvent au milieu d'une perspective profonde de monuments d'une belle architecture et de paysages charmants.

Vous retrouverez les mêmes monogrammes, et aussi les mêmes beautés, dans la grande verrière, portant la date de 1525, qui représente la *Légende de Saint-Jean-Baptiste*. Les *Scènes de la Vie de Saint Pierre*, figurées dans un autre vitrail, quoiqu'elles ne portent aucune signature ont bien probablement la même origine. Sur un des chars de la grande verrière qui représente *l'Exaltation de la Vierge Immaculée*, vous pourrez lire le nom de Jehan Le Prince, qui a exécuté, seul, cette composition grandiose, où, dans un paysage magnifique, sont représentés une foule de personnages. Tous ces beaux vitraux des peintres-verriers de Beauvais brillent par l'élégance et la pureté de leur dessin, leur admirable coloris, la franchise de leurs teintes, parmi lesquelles vous remarquerez ce beau vert d'application qui leur est spécial. Saint-Vincent possède aussi quelques belles boiseries du XVIe siècle : des bandes et des revêtements lambrissés.

En montant la rue Jeanne-d'Arc, vous verrez, au milieu d'un petit square, une tour isolée : *la tour Saint-André*, seul reste d'une église du XVIe siècle. Le bas de cette tour est dépouillé de tout ornement, la partie supérieure est chargée d'une assez belle décoration qui comprend les quatre statues de *Saint André*, de *Saint Jean Baptiste*, de *Saint Pierre* et de *Saint-Adrien*.

* * *

Vous irez ensuite visiter *Saint-Godard* : c'est une église des XVe et XVIe siècles, construite en plusieurs fois ; son clocher est moderne. Elle est composée de trois nefs d'égale hauteur; celle du milieu est terminée par une abside à trois pans. La crypte est aussi du XVIe siècle.

L'église est décorée de nombreuses et riches verrières, modernes pour la plupart : on court les visiter, mais leur réputation a été surfaite ; elles sont certainement riches de teintes éclatantes, souvent bien dessinées, mais presque toujours l'effet général manque d'harmonie. Je ne trouve à vous citer parmi ces verrières modernes que les deux vitraux qui se trouvent dans les quatrième et cinquième travées du bas-côté gauche et qui représentent des traits caractéristiques des mœurs du moyen-âge. Dans la première vous verrez l'*évêque Prœtextatus frappé mortellement* sur les marches de l'autel par les émissaires de la vindicative Frédégonde, la seconde représente cette singulière cérémonie de la *Fierte de Saint Romain* à laquelle assiste le Roi Charles VII.

Saint-Godard possède cependant deux belles verrières anciennes : l'une, datée de 1506, est attribuée à Arnoult de la Pointe, c'est une belle *Généalogie de la Vierge*, un arbre de Jessé; l'autre, dans quatre rangs de panneaux superposés, nous montre la *Légende de Saint Romain*, composition intéressante, dont le dessin un peu mou laisse à désirer.

Vous pourrez voir, dans la chapelle de la Vierge, le monument de marbre noir élevé, au XVIIe siècle, à la mémoire de Charles et de Pierre de Bec-de-Lièvre; il est décoré de deux belles statues de marbre blanc.

***

Près de Saint-Godard, en face du square Solférino, une ancienne église, supprimée en 1791, et qui sert aujourd'hui de magasins, l'église *Saint-Laurent*, nous montre encore son élégante tour construite tout à la fin du XVe siècle. La partie supérieure de cette tour est surtout remarquable par sa grande légèreté.

***

Vous irez ensuite, mais seulement pour y voir ses vitraux, visiter *Saint-Patrice*. L'église a été construite dans le style gothique à l'époque de sa décadence la plus complète, aux XVIe et XVIIe siècles; elle a été restaurée. Elle se compose d'une nef avec bas-côtés; les voûtes, refaites lors de la restauration de l'église, sont décorées de mauvaises peintures. De 1538 à 1625, Saint-Patrice avait été ornée d'une série de grandes verrières Renaissance dont quelques-unes, fort bien conservées, sont remarquables ; un petit nombre d'entre elles, détruites à la Révolution, ont été remplacées par des vitraux modernes. Parmi les peintures translucides de la Renaissance, vous remarquerez surtout une *Annonciation*, la *Légende de Sainte Barbe*, la *Légende de Saint Eustache*, trois très beaux vitraux ; une *Femme adultère*, qui provient de Saint-Godard ; puis le trop célèbre *Triomphe de la loi de grâce*, que l'on attribue généralement, sans aucune raison plausible, à Jean Cousin, mais qui ne me paraît pas digne du talent de ce grand artiste. Les vitraux de l'époque de Louis XIII, les derniers exécutés à Saint-Patrice, sont franchement médiocres. Tous ces vitraux, du reste, sentent le convenu, sont trop travaillés, trop cherchés ; ils m'ont laissé assez froid, n'ont pas pu, je l'avoue, m'enlever, et je me rallierai volontiers à l'avis de M. Léon Palustre, qui, dans son bel ouvrage « *la Renaissance* », nous dit à propos du *Triomphe* de *Saint Patrice* : « C'est une grande machine bizarrement conçue, dont les différentes parties ne tiennent guère et qui se fait remarquer par l'exagération des formes anatomiques ».

Saint-Patrice possède quelques belles boiseries, des lambris du XVIe siècle, sculptés avec la plus grande délicatesse, qui proviennent de l'église Saint-Eloi, de belles stalles du XVIIe siècle et une chaire Renaissance qui appartenait à l'église Saint-Lô. Vous y verrez aussi quelques belles peintures, un Poussin, *Apôtres sortant du temple*, une *Sainte Justine* de Mignard et une scène de *la Passion* attribuée au Bassan.

*
* *

Rue du Champ-des-Oiseaux, près de la gare de la rive droite, vous visiterez l'ancienne chapelle des Carmes déchaussés qui est aujourd'hui l'église *Saint-Romain*. Elle est due à la munificence de messire Pierre de Bec-de-Lièvre, président au Parlement de Rouen, et fut construite de 1679 à 1687; le clocher date de 1730. L'église, au point de vue architectural, n'offre aucun intérêt, mais elle a été enrichie des dépouilles d'un grand nombre d'anciennes églises de Rouen : le cercueil en marbre rouge de Saint Romain, qui se trouve sous le maître-autel, provient de Saint-Godard; le remarquable couvercle des fonts baptismaux, décoré de beaux bas-reliefs sur bois qui représentent *la Passion*, appartenait auparavant à l'ancienne église Saint-Etienne-des-Tonneliers; quelques beaux vitraux anciens, où sont figurés des scènes de la *Vie d'Adam et d'Eve*, la *Sainte-Famille*, la *Cène*, la *Transfiguration*, *Tobie ensevelissant les morts*, *Sainte Geneviève*, *Saint Etienne et son Martyre*, sont les dépouilles des églises Saint-Maur, Saint-Martin-sur-Renelle et Saint-Etienne-des-Tonneliers.

Vous pourrez encore voir à Saint-Romain, dans la deuxième chapelle à gauche, un beau bas-relief où est représenté *Tobie ensevelissant les morts*, et enfin une statue du *Roi Saint Louis*.

*
* *

Si vous êtes quelque peu archéologue, curieux des monuments caractéristiques des époques reculées, vous m'accompagnerez à Saint-Gervais et à Saint-Paul.

Saint-Gervais est une grande église moderne, construite

sur l'emplacement d'une église du XIe siècle qui avait été élevée, à cette époque, sur une très ancienne crypte gallo-romaine où l'on descend par un escalier de vingt-huit marches. Les murs du fond et les murs latéraux nous montrent, dans leur appareil, ces assises de pierre séparées par des rangs de briques plates ou de tuiles qui caractérisent nettement l'époque où ils ont été construits; l'abside polygonale a été refaite, la voûte a été restaurée. On dit que le corps de Saint Avitien, mort en 325, repose sous cette crypte.

C'est dans un ancien Prieuré qui s'élevait auprès de cette église que fut apporté mourant, abandonné de tous, le puissant conquérant de l'Angleterre, le grand Normand, Guillaume le Bâtard; c'est là qu'il mourut misérablement.

A Saint-Paul, église moderne qui n'offre aucun intérêt, nous visiterons l'antique chancel qui sert maintenant de sacristie, seul reste d'une ancienne église du XIe siècle qui avait été édifiée sur l'emplacement d'un temple de Vénus. C'est un bel exemple de l'architecture romano-normande à sa première époque; il consiste en une triple abside, dont la division du milieu surpasse les autres en élévation et en longueur.

Lorsque vous irez visiter, sur la rive gauche de la Seine, *Saint-Sever*, le grand faubourg de Rouen, vous y verrez une belle et grande église moderne, construite dans le style de la Renaissance, puis, au quartier de cavalerie qui a été établi dans l'ancien *Prieuré de Bonne-Nouvelle*, la vieille église qui a subi de grandes dévastations : le pignon Ouest cependant, qui date de 1655, est assez bien conservé ; on y voit un beau bas-relief qui représente l'*Annonciation*. Ce Prieuré de Bonne-Nouvelle avait été fondé, en 1063, par Guillaume le Conquérant, à l'endroit même où son épouse, la Duchesse Mahaud, avait reçu *la bonne nouvelle* de la grande victoire remportée à Hastings par les envahisseurs normands.

*
* *

La plupart des beaux monuments de l'architecture civile que possède Rouen ont été construits aux XVe et XVIe siècles ; à cette époque, les classes bourgeoises de la vieille cité normande étaient devenues puissantes, les membres de l'antique Échiquier de Normandie étaient de riches seigneurs, les corporations étaient fortement organisées, la commune, dont les franchises étaient bien établies, groupait autour d'elle les forces et les énergies de tous les habitants. Les magnifiques palais, les beaux hôtels, les maisons curieuses, que nous allons visiter ensemble, sont donc tous des monuments remarquables de l'art de la Renaissance.

Sur la place Jeanne-d'Arc,—où vous verrez, en passant, une mauvaise statue de la Pucelle,— au coin de la rue du Pannerret, s'élève *l'hôtel du Bourgtheroulde*. Dans les archives du tabellionage de Rouen, on a retrouvé la date,—juillet 1596,— où fut commencée la construction de cet hôtel par Guillaume Le Roux, Seigneur du Bourgtheroulde, conseiller de l'Échiquier de Normandie, mort en 1520. La construction de l'hôtel fut poursuivie et achevée par Guillaume Le Roux, son fils, Abbé d'Aumale et du Val-Richer, qui fut un habile courtisan et aussi un des favoris du roi François Ier. Les armes de la famille Le Roux : *« d'azur au chevron d'argent accom-*

pagné de trois têtes de léopards d'or, deux et une,» étaient sculptées à différents endroits.

Les deux façades extérieures, sur la place Jeanne d'Arc et sur la rue du Panneret, qui, du reste, ont toujours dû être d'un aspect assez sombre, sont fort dégradées; elles ont été

remaniées, mutilées, et ne présentent aucun intérêt. Sans vous y arrêter, vous pénétrerez, par un large porche, dans une cour à peu près carrée, où vous aurez à admirer longuement la splendide galerie, du style le plus pur de la Renaissance, qui se trouve devant vous et le corps de logis principal qui s'élève à votre droite, construit quelques années avant la galerie, à l'époque où s'opérait la transition entre le style gothique et celui de la renaissance.

M. Léon Palustre a admirablement décrit, dans son bel ouvrage, « *La Renaissance en France* », les merveilleuses sculptures dont sont couvertes ces deux façades; je ne crois pouvoir faire mieux que de me laisser guider par lui dans la description sommaire que je vous en donne ici.

La façade du corps de logis principal est couronnée de deux grandes lucarnes dont la composition semble partir du sol, et où paraît s'être concentré le principal effort de l'ornementation. Ces hautes lucarnes ogivales, dont le tympan est orné d'écussons, sont surmontées de gâbles aigus reliés à des pinacles élevés par de gracieux contre-forts dont les rampants sont portés par des arcatures trilobées. Sur les allèges de ces deux lucarnes sont sculptés des bas-reliefs dont l'un, bien conservé, montre la Salamandre de François Ier. Aux deux côtés de ces lucarnes, et entre elles, dans un entablement au-dessus de la corniche du premier étage, trois panneaux sculptés représentent des triomphes difficiles à définir : le premier, à gauche, figure, sur un char traîné par des chevaux, un triomphateur, puissant guerrier à la longue barbe, dont la main s'appuie sur une large épée; dans le second, une femme, tenant un sceptre d'une main, l'autre bras étendu dans l'attitude du commandement, est assise sur un char traîné par des lions, et que précèdent des musiciens jouant de divers instruments; dans le troisième bas-relief, c'est encore une femme que nous voyons assise sur le char de triomphe qui est entouré de danseurs. Les trumeaux des fenêtres du premier étage sont aussi décorés de très belles sculptures, où nous verrons encore la Salamandre de François Ier accompagnée, cette fois, du Phénix d'Éléonore d'Autriche. La présence, dans la décoration de l'hôtel du Bourgtheroulde, de l'emblême qu'avait adopté la seconde femme de François Ier, sert à fixer l'époque où cette décoration a dû être exécutée : c'est en 1530 que le roi de France épousa la sœur de Charles-Quint, c'est en 1532 que mourut l'Abbé d'Aumale, c'est donc entre ces deux dates si rapprochées, en pleine Renaissance, que dûrent être exécutées les sculptures de cette façade, dont le gros-œuvre avait été construit tout au commencement du siècle.

Entre ce bâtiment et la galerie que je vous décrirai tout a l'heure, s'élève, à moitié engagée, une grande tourelle à six pans dont les deux faces que l'on voit de la cour sont entièrement couvertes d'admirables sculptures.

« De bas en haut, nous trouvons d'abord sur la face antérieure une grande scène champêtre, que l'on pourrait prendre pour une représentation du mois de juillet. Dans une prairie coupée par une rivière où des hommes se livrent à tous les plaisirs de la natation, six paysans inégalement répartis sur les deux rives sont occupés à faucher une herbe épaisse qu'une femme retourne ensuite avec une fourche. A l'horizon, une ville importante, si l'on en juge par le nombre de ses tours et de ses monuments; enfin le ciel est traversé par plusieurs oiseaux de haut vol, parmi lesquels on remarque un faucon s'abattant sur un héron.

La seconde scène nous transporte dans un pays accidenté, dominé, au loin par de grandes constructions qui se découpent d'une façon pittoresque sur le ciel. Un berger, au premier plan, veut porter à la fois les mains au corset et à la jarretière d'une bergère, qui s'apprête à lui donner un soufflet. Un autre, pendant ce temps, fait de son côté une déclaration d'amour à sa maîtresse, et un dernier, plus philosophe, vide sa gourde tout en surveillant ses moutons. Sur le ressaut inférieur, au dire de La Quérière, on lit :

Berger à sa bergère promptement se ingère.

Le jeu de la main chaude termine cette intéressante série. Deux bergers se disposent à frapper dans la main d'un camarade, qu'une femme tient renversé sur ses genoux. Un quatrième, sans se soucier de ce qui se passe, continue à jouer du hautbois à l'écart; un cinquième enfin, assis sur un tertre élevé, semble du geste appeler quelqu'un que nous ne voyons pas. A la même place que tout à l'heure, on lit sur deux lignes seulement :

Passe-temps légers
Nous valent argent,
S'ilz ne sont dargent
Ilz sont de bergers.

En pendant à la scène que nous avons dit représenter le mois de juillet, sur le côté fuyant de la tourelle, des pêcheurs, dans une barque, relèvent des filets, tandis que d'autres, debout sur la rive, prennent des carpes à la ligne. Au second plan à droite, un écuyer, nu-tête, vêtu d'un riche pourpoint à crevés, lève les bras vers son maître, qu'un griffon emporte dans les airs. Près de lui, le cheval du malheureux seigneur. A gauche, une femme chemine tranquillement, un lourd fardeau sur la tête. D'élégants édifices à l'horizon, au-dessus des quels plane un épervier qui emporte un poisson dans ses serres.

Le second bas-relief est consacré à la reproduction des travaux du mois de juin. Une femme assise, de longs ciseaux à la main, est occupée à tondre un mouton qu'elle tient sur ses genoux. A ses côtés, un berger cherche à la distraire de son ouvrage en lui contant fleurette; un autre fait danser un chien au son du hautbois. Dans le fond, un troisième berger, dont le chien poursuit un loup qui emporte un agneau. Une bergère debout contemple la scène. Sur la hauteur, comme à l'ordinaire, diverses constructions; ciel traversé par de nombreux oiseaux. Au-dessous, ces deux vers :

Nous sommes des fins
Aspirans a fins.

Nous assistons, en dernier lieu, à un repas champêtre. Sur un tronc d'arbre, coupé à deux pieds du sol, un large vase godronné contient sans doute du laitage que bergers et bergères mangent avec de larges cuillers de bois. Les uns et les autres ne sont pas tellement à leur affaire qu'ils ne trouvent encore le temps de plaisanter agréablement ou de caresser leurs chiens. Tout se passe, du reste, au son du biniou, qu'un retardataire fait entendre. » LÉON PALUSTRE : *La Renaissance en France.*

La magnifique galerie qu'il nous reste à étudier comporte un seul étage élevé sur un haut soubassement et surmonté d'un large entablement; elle est percée de six larges arcades aux cintres surbaissés: cinq fenêtres et une porte. Les archivoltes des baies sont ornées de moulures, et les montants sont décorés de candélabres et d'entrelacs; les trumeaux sont recouverts de pilastres d'ordre corinthien décorés d'arabesques : ces pilastres se prolongent jusqu'au sol et s'élèvent aussi au travers de l'entablement supérieur, divisant ainsi la galerie en six parties égales. Au-dessous des cinq fenêtres, le soubassement est divisé, en hauteur, par un cordon saillant: la partie inférieure, au-dessus du socle, est décorée de rinceaux et de têtes grotesques; la partie supérieure forme cinq magnifiques bas-reliefs admirablement travaillés, couverts d'un nombre infini de personnages revêtus de costumes variés, très-mouvementés, très-vivants, et d'une infinité d'accessoires très-exacts et très-curieux. Ces beaux bas-reliefs sont, malheureusement, fort détériorés. Dans leur ensemble, ils représentent la première rencontre, dans la plaine qui s'étend entre les villes d'Ardres et de Guines, de François Ier et du Roi d'Angleterre Henry VIII, lors de cette célèbre entrevue du Camp du drap d'or, 1520.

Sur le panneau du milieu, les deux souverains sont représentés au moment où ils s'abordent, élevant leurs chapeaux dans un salut courtois. François Ier est monté sur un magnifique cheval recouvert d'une housse luxueuse, semée de fleurs de lys ; la housse du coursier que monte Henry VIII est ornée de rosettes et de léopards. Sur les panneaux de gauche se développe toute la suite du roi d'Angleterre ; sur ceux de droite, nous voyons cette foule de riches seigneurs qui accompagnaient le roi de France.

Des six bas-reliefs qui décorent le grand entablement au-dessus des baies, les deux premiers à gauche ont presque entièrement disparu ; les autres sont très maltraités. On a longtemps ignoré quels étaient les sujets représentés par ces sculptures ; on y distinguait des chars, des croix, des animaux symboliques, et on supposait qu'ils figuraient les triomphes de la foi. En 1875, M. Léon Palustre découvrit sur le quatrième bas-relief l'inscription suivante :

Fama vincit Mortem.

et sur le cinquième il parvint à lire :

Tempus vincit...

Il sut aussi retrouver dans une édition de Venise, 1545, des œuvres de Pétrarque, six gravures sur bois représentant les triomphes, et qui présentent une étonnante ressemblance avec les bas-reliefs de l'hôtel du Bourgtheroulde. Il a établi ainsi d'une façon certaine que ces sculptures sont consacrées à la représentation des triomphes de Pétrarque.

L'illustre poëte florentin, l'adorateur de Laure, la belle provençale, était au XVIe siècle le poëte favori de tous les français lettrés, tous plus ou moins imbus d'italianisme, et partout nous verrons, multipliées à l'infini, dans les tapisseries de Beauvais, dans les peintures, dans les sculptures du temps, les reproductions variées de ces célèbres triomphes : vous les voyez représentés dans les bas-reliefs de l'hôtel du Bourgtheroulde à Rouen, vous les retrouverez à Caen dans les médaillons sculptés sur la maison de Jacques de Cahaignes et dans ceux qui décorent les créneaux de la maison des Gens d'armes. Vous y lirez, en légende, quelques-uns des titres des six livres du poëme de Pétrarque :

Amor vincit mundum.
Pudicitia vincit amorem.
Mors vincit pudicitiam.
Fama vincit mortem.
Tempus vincit famam.
Divinitas, seu eternitas, omnia vincit.

Les deux premiers panneaux, dont les sculptures ont disparu, devaient donc représenter les *triomphes* de l'*Amour* et de la *Chasteté* ; le troisième est le *triomphe de la Mort :* un squelette, sur un char traîné par des bœufs, poursuit sa route sanglante sur des cadavres amoncelés; dans le quatrième, *la Renommée*, sur un char auquel sont attelés des éléphants, triomphe, entourée de guerriers; le cinquième bas-relief représente le *triomphe du Temps*, le char est traîné par des chameaux; le sixième, au-dessus de la porte, est le *triomphe de la Divinité :* le tétramorphe évangélique, l'ange, le lion, l'aigle et le veau ailé, traînent le char triomphal.

Les patientes recherches de M. Léon Palustre ont établi que presque toutes ces sculptures ont été exécutées par des imagiers d'après les tapisseries célèbres qui avaient servi d'ornements aux tentes dressées dans le *val doré*, lors de l'entrevue du camp du Drap d'or. Tous ces bas-reliefs étaient bien probablement recouverts de peintures ; l'abbé Noël en a encore vu les traces au commencement du XVIIIe siècle, et les a signalées dans la description qu'il nous a laissée de l'hôtel du Bourgtheroulde.

Avant de quitter ce bel hôtel, vous remarquerez au-dessus de la porte d'entrée, du côté de la cour, les portraits de François Ier et de Henry VIII, et les lettres, G. L. R., monogramme de *Guillaume Le Roux.*

*
* *

Vous irez ensuite, rue aux Juifs, visiter le *palais de justice* de Rouen. En 1493 Louis XII régnait sur la France, et Georges d'Amboise, cardinal-archevêque de Rouen, était son ministre tout puissant. Rouen était alors une cité industrielle et commerciale très riche, très florissante : les fabricants, les marchands rouennais, avaient coutume de se réunir à la cathédrale pour parler de leurs affaires, pour traiter des marchés : le cardinal d'Amboise *chassa les marchands du temple,* et leur fit construire, sur l'ancien emplacement du Clos-aux-Juifs, une grande salle commune qui prit le nom de *Parloir aux bourgeois ;* elle est aujourd'hui la salle des Procureurs, et forme l'aile gauche du palais.

Quelques années après, l'Echiquier de Normandie étant devenu permanent, on construisit pour lui, en 1499, le grand et magnifique bâtiment qui est au fond de la cour ; l'aile droite est moderne, et a été élevée, entre 1842 et 1852, sur l'emplacement d'un ancien bâtiment qui s'était écroulé en 1812. Le nom de l'architecte de l'aile gauche nous est inconnu, mais nous savons que la façade principale est l'œuvre de Roger Ango et de Roulland Le Roux.

La façade du Parloir aux Bourgeois est un très bel exemple de l'architecture civile gothique; elle se compose d'un seul étage élevé sur un très haut soubassement, percé de larges baies carrées à meneaux et à traverses, orné, au-dessus de la corniche, d'une balustrade ajourée et coupée par des contre-forts couronnés de hauts pinacles à frontons et à crochets; la porte, au centre, élève son ogive et les gâbles de son fronton jusqu'au dessus de la balustrade ; le comble, très aigu, est décoré de grandes lucarnes ogivales à meneaux, du style rayonnant, très belles et fort décoratives.

Le bâtiment principal développe, au fond de la cour, son admirable façade, type achevé de l'art gothique qu'éclaire déjà un rayon de la Renaissance; au milieu de cette façade est adossée une tourelle octogonale tout ajourée, ornée de belles sculptures, mais dont je ne puis comprendre ni l'utilité ni l'importance. Au rez-de-chaussée s'ouvrent de grandes baies aux arcatures très surbaissées et terminées par des accolades aiguës qui traversent le cordon sculpté. Les fenêtres à meneaux du premier étage, dont les pieds-droits et les linteaux sont couverts de moulures et d'ornements, s'ouvrent entre des contre-forts partant du sol et qui lancent leurs pinacles jusqu'à la hauteur du faîte de la toiture ; ils sont ornés de moulures, de consoles, de niches, de dais, de pignons aigus, de gargouilles très saillantes; au-dessus de la corniche règne, tout le long du bâtiment, une balustrade ajourée, que surmonte une magnifique galerie renaissance formée d'arcatures reliées deux à deux par des accolades, piédestaux aériens de nombreuses statues.

Quatre admirables lucarnes de pierre décorent le comble de ce bel édifice ; elles sont certainement les plus riches, les plus remarquables que l'on puisse voir dans notre pays. « Elles devinrent quelquefois, — dit Viollet-Le-Duc, — la partie principale de la décoration, vers la fin du XVe siècle et le commencement du XVIe, ainsi qu'on peut le voir encore au palais de justice de Rouen, où il semble que les façades ne sont faites que pour les lucarnes, puisque leur composition part du sol de la cour. »

Les statues placées au-dessus de la galerie nous montrent de nombreux personnages de conditions diverses dans les costumes du temps : on cite celles des rois Louis XII et François Ier, du cardinal-ministre Georges d'Amboise, d'un seigneur, d'une dame, d'un architecte, d'un laboureur, d'un villageois; elles sont malheureusement un peu haut perchées, et, pas plus que moi, vous n'irez certainement pas les voir de près.

Le palais de justice contient deux salles remarquables qu'il faut visiter. La grande *salle des Procureurs*, à l'aile gauche, recouverte d'une voûte en bois très hardie que ne supporte aucun pilier et qui ressemble à une immense carène renversée; puis la salle de la Cour d'assises, où siègeait autrefois la grand'chambre du Parlement : vous y verrez un très-beau plafond en chêne, formant des caissons saillants découpés en étoiles et ornés de culs-de-lampe et de rosaces; il a été construit pendant le règne de Louis XII; sur les vitraux des fenêtres de cette salle sont représentées les armes des villes normandes. Vous verrez encore, dans la salle des appels de police correctionnelle, un *Christ* de Philippe de Champaigne et un *Jugement de Salomon,* œuvre de Mignard.

En parcourant le palais de justice, je me rappelais, presque malgré moi, ces lignes de Stendhal si vraies et qui peignent si exactement une époque qui n'est pas encore bien loin de nous : « A côté de la salle immense et sombre où se démène la statue de Pierre Corneille, l'on m'a introduit dans une salle magnifiquement lambrissée où le parlement de Rouen tenait ses séances. Cette magnificence m'a rappelé le fameux procès que le Duc de Saint-Simon vint plaider à Rouen, et dont le récit est si plaisant, sans que l'auteur s'en doute. Cet homme honnête au fond, et si fier de son honnêteté, et qui eût pu se faire donner vingt millions par le régent, auquel il ne demanda pas même le cordon du Saint-Esprit, raconte gravement comment il gagna son procès à Rouen, en ayant soin de donner à souper aux magistrats. Il se moque fort du duc son adversaire, qui n'eut pas l'esprit d'ouvrir une maison.

Le plaisant de la chose c'est que le Duc de Saint-Simon et ses juges se croyaient de fort honnêtes gens. Le Français ne sait pas raisonner contre la mode. La liberté de la presse contrarie ce défaut, et va changer le caractère national, si elle dure. »

*
* *

En sortant du palais de justice, entrez dans une *maison en pierre* de la *rue aux Juifs* qui faisait jadis partie de l'ancien Hôtel de Ville de Rouen; elle date bien certainement du règne de Henri II. Sa composition est sévère, savante, ses lignes sont belles, les pilastres qui la décorent sont d'ordre ionique, elle est ornée de grandes figures d'hommes et de femmes, en haut relief.

Lorsque vous avez visité l'hôtel du Bourgtheroulde, vous aurez été, tout auprès, à la place du Vieux-Marché sur laquelle s'élève la façade principale du *Théâtre-Français*, construit en 1793, et la *fontaine de la Pucelle*. Cette fontaine avait été édifiée au XVe siècle sur l'emplacement où fut brûlée la grande héroïne française; au XVIIIe siècle elle tombait en ruine, et en 1750 elle a été reconstruite : vous voyez là une Jeanne d'Arc en Bellone Louis XV qui produit un fort singulier effet.

Au square Saint-André, dans un angle derrière la tour, vous avez déjà, sans aucun doute, remarqué la très belle façade en bois de la *maison de Diane de Poitiers*. Cette maison avait été construite dans la rue de la Grosse-Horloge, à cette époque déjà assez avancée de la Renaissance où les jambages, les croix de Saint-André, les hourdis de maçonnerie, disparaissaient complètement sous des panneaux sculptés, où ces belles maisons de bois, alors tant ornées, ne laissant plus voir, n'accusant plus leur charpente, ressemblaient à d'immenses bahuts finement travaillés, œuvre de menuiserie ou d'ébénisterie plutôt que de charpenterie. — En 1860, lorsqu'on perça la rue Jeanne-d'Arc, cette maison fut démolie, puis reconstruite, d'une façon fort intelligente du reste, à la place où vous la voyez actuellement; elle est tout entière revêtue d'élégantes sculptures, surchargée d'une profusion de fines arabesques et de figures du style le plus pur, du dessin le plus correct. Remarquez l'effet pyramidal produit par les ouvertures de ses divers étages, qui, du sol au pignon, vont toujours en diminuant de largeur et d'importance : l'architecte a ainsi obtenu un rendu d'élancement très remarquable.

A gauche de la rue Jeanne-d'Arc en descendant vers le port, au commencement de la rue de la Grosse-Horloge, vous verrez, réunis sur un même point, trois monuments très intéressants. — Voici d'abord, à votre droite, à l'angle de la rue des Vergetiers, adossée à la tour du beffroi, une *fontaine monumentale* construite en 1732. Sous une belle arcade très ornée s'ouvre une large niche, où s'étale une composition théâtrale à la mode du XVIIIe siècle : — un amour planant et tenant à la main son arc et un flambeau, domine un paysage prétentieux, rocailles et roseaux, au centre duquel Alphée fait les doux yeux et en conte à Aréthuse qui paraît l'écouter fort complaisamment. Une plaque de cuivre placée au-dessous de ce grand panneau est couverte d'une dédicace pompeuse, par laquelle la ville de Rouen témoigne au roi Louis XV son impérissable soumission.

Au-dessus de la fontaine se dresse, massive et puissante, la vieille tour carrée du *beffroi de Rouen;* elle est percée de grandes baies à meneaux moulurés et formant croix, renforcée aux angles de contre-forts peu saillants et couronnée d'une plate-forme qu'entoure une balustrade en fer. — Entrez dans cette tour par une petite porte au-dessus de laquelle est placée une inscription où vous lirez la date, — 1389, — de sa construction, et les noms des architectes qui l'édifièrent, puis montez les deux cents marches qui vous mèneront à la plate-forme; vous examinerez en passant deux vieilles cloches fort anciennes, du XIIe siècle, dit-on : — l'une porte inscrit sur son listel, son nom bizarre : « *Cache-Ribaud* »; elle a, pendant des siècles, dit les heures aux vieux bourgeois rouennais, les guidant dans leurs travaux de chaque jour; — la seconde, « *la Rouvel* », qu'on appelle aujourd'hui, je ne sais trop pourquoi, « la cloche d'argent », était le *toc-sin* de la vieille commune, c'est elle qui, en cas d'alarme, appelait à la défense des remparts les habitants de la ville et des faubourgs; c'est elle encore qui, pendant la Révolutton, donna le signal de cette terrible insurrection de la Harelle.— De la plate-forme de la tour de la Grosse-Horloge, vous dominez toute la ville de Rouen, les tours, les flèches de ses églises, son grand faubourg de Saint-Sever, ses quais, son port, son beau fleuve; vous découvrez les belles et vertes collines qui l'entourent : c'est là qu'il vous faut aller, un bon plan à la main, dès votre arrivée; vous apprendrez ainsi la ville, vous reconnaîtrez ses principales artères et pourrez alors la parcourir sans guide et sans pertes de temps.

La tour du beffroi est reliée au bâtiment de l'ancien Hôtel

de Ville de Rouen par une magnifique arcade jetée au dessus de la rue de la Grosse Horloge. — C'est une très curieuse, très intéressante construction du commencement du XVIe siècle qui, par ses lignes, par sa décoration, appartient essentiellement au style de la Renaissance. Cette arcade très surbaissée, est décorée de belles moulures, d'entrelacs et de rosaces formant bandeaux; au centre, à la clef, dans un médaillon de forme excentrique, est sculpté un agneau crucifère; sur le plein du mur, dans les angles laissés par l'archivolte, l'architecte a placé deux beaux médaillons ronds avec personnages en buste. Au dessus de la voûte, occupant la hauteur de deux étages, plaquée sur une construction sans style, une horloge fort ancienne, — 1447, — attirera vos regards: dans un grand cadre carré, fort ouvragé et surmonté de deux pinacles en forme de candélabre, se trouve le cadran cerclé d'une large couronne de pierre dont la partie inférieure, mobile, montrait à chaque heure des sujets différents. Mais revenons à la voûte. Sa partie la plus intéressante, la plus remarquable par la magnifique décoration qui la couvre, est son large intrados : « Elle peut, — dit M. Léon Palustre, — passer pour une des meilleures de la Renaissance. L'artiste a voulu symboliser les armes de Rouen, et c'est ce qui nous a valu ces moutons paissants au milieu d'un admirable paysage que l'on dirait pris d'après nature. Ils font cortège au bon Pasteur, représenté au centre, dans un cadre circulaire, le manteau sur l'épaule et la houlette à la main. » Ces armes de Rouen « *de gueules, à l'Agneau pascal portant une bannière d'azur au chef cousu de France* », sont des armes parlantes: elles nous disent que, dès le moyen-âge, Rouen devait sa haute fortune, ses richesses, aux industries de la laine.

Il ne reste presque rien d'intéressant de l'ancien Hôtel

de Ville; lorsque la municipalité rouennaise, au commencement de la Révolution, s'installa au palais de justice les bâtiments de la vieille maison commune furent vendus par pièces et morceaux: vous avez vu la maison de la rue des Juifs qui en faisait partie; au coin de la rue Thouret, on signale aussi une autre portion plus ou moins bien conservée, une maison à bossages.

En face de la cathédrale, à l'angle des rues du Grand-Pont et du Petit-Salut, s'élève encore, quoique mutilé surtout dans sa partie inférieure où l'on a ouvert des magasins, l'ancien *bureau des Finances*, que l'on appelait primitivement le *bureau des Généraux*,— percepteurs des taxes, — ou encore la *cour des Aydes*, lorsque, en 1706, celle-ci fut réunie à la *cour des Comptes*. — Cet édifice, construit en 1509, est le chef d'œuvre de l'architecte Roulland Le Roux, auquel Thomas Boyer, alors Général de Normandie, grand ami des arts, ami aussi du progrès et des belles innovations, avait laissé toute liberté. — Les magnifiques façades sont décorées, à leurs extrémités et au centre, de pilastres ornés de sculptures et d'arabesques; des médaillons, des niches recouvertes de dais, embellissent les trumeaux. Cette décoration porte bien la marque de l'époque où elle a été exécutée: le style de la Renaissance n'était pas alors entièrement formé et laissait encore voir quelques traces du vieux style gothique. — « L'entresol, — dit M. Sauvageot, — est remarquable; l'appui de ses ouvertures est orné d'une suite de médaillons circulaires dont le cadre exquis devait contenir des portraits en relief ou de faïences émaillées. Deux génies ailés, munis de carquois, flanquent ces médaillons. Chaque ouverture est divisée par un meneau en forme de pilastre. L'appui des fenêtres du premier étage contient un écusson couronné et entouré du collier de l'ordre de Saint-Michel, supporté tantôt par des animaux ailés, tantôt par des anges agenouillés; puis des L couronnés par le milieu viennent combler le vide laissé par ce motif de décoration. » Les distributions intérieures sont admirablement comprises, bien adaptées à la destination de l'édifice : à l'entresol étaient établis, dans une série de petites pièces, les divers bureaux; au premier étage, très élevé, percé de larges baies, se trouvait la vaste salle où se tenaient les grandes assemblées.

Vous irez aussi, au n° 20 de la rue des Carmes, à *l'ancien hôtel de la Cour des Comptes.* Cette maison, qui avait d'abord été construite pour servir de demeure particulière, formait un vaste quadrilatère; il ne reste que deux de ses quatre façades. Au-dessus d'une des fenêtres du corps de logis Est, vous pourrez lire la date 1524; l'autre partie de l'édifice a probablement été construite quelques années plus tard. Une riche ornementation d'un goût exquis, couvre entièrement ses deux façades; entre les fenêtres se dressent des pilastres très ornés; tous les encadrements, tous les pleins des murs, sont décorés d'arabesques, de figurines, de candélabres magnifiques et fortement saillants.

Je ne vous décrirai pas tous les monuments de l'architecture civile si nombreux à Rouen; je ne vous dirai que quelques mots de l'archevêché, grande construction des XVe et XVIe siècles, qui s'élève à l'Est de la cathédrale. Vous remarquerez une porte extérieure, décorée de belles sculptures, qui a été construite par l'architecte Mansard. Il faut entrer à l'archevêché pour y voir quatre tableaux du paysagiste Hubert Robert, peints vers l'année 1775, et qui sont fort intéressants aux points de vue historique et archéologique; ils nous montrent, tels qu'ils étaient à cette époque, le Rouen de la fin du XVIIIe siècle, le vieux Havre, Dieppe avant ses transformations et le magnifique château de Gaillon.

L'hôtel de la rue de la Croix de Fer, n° 4, que l'abbé Cochet appelle *hôtel de Santa-Casa*, est une belle construction de la Renaissance. Au-dessus de sa porte sont sculptés en haut-relief : «*Hercule déchirant le lion de Némée,*» et le «*Triomphe de Diane.*» Dans une des salles de cette habitation, on voyait jadis une magnifique cheminée, contemporaine du mausolée des cardinaux d'Amboise, qui est maintenant à Paris, au Musée de Cluny. Quatre beaux bas-reliefs sculptés sur le marbre de cette cheminée représentent les «*Périgrinations de la Santa-Casa.*»

Voici, entre les rues des Carmes et de l'Hôpital, la curieuse « *fontaine de la Crosse* », qui fut édifiée, en 1482, aux frais des héritiers de l'évêque de Bayeux, Louis d'Harcourt, dont les armes figuraient au frontispice du monument; elle a été reconstruite en 1861 dans le style ogival du XVe siècle.

Quant à l'*Hôtel de Ville de Rouen* qui touche l'Abbatiale de Saint-Ouen, il est installé dans un ancien bâtiment de l'Abbaye construit au XVIIIe siècle et sur lequel, pendant la Restauration, on a plaqué une lourde et horrible façade. — La Bibliothèque de la ville occupe le deuxième étage de la maison commune, elle est riche de plus de cent dix-huit mille volumes et de deux mille cinq cents manuscrits dont quelques uns, pour les bibliophiles, offrent un grand intérêt Je vous citerai : un *Bénédictionnaire* qui servait lors du couronnement des rois Saxons; le *Missel de Robert Champpart* qui, en 1050, était archevêque de Londres; — le *Livre des fontaines*, dessiné, peint et écrit par Jacques Lelieur ; — et un magnifique grand in-folio, le *Graduel de Daniel d'Eaubonne.* — Cette bibliothèque possède aussi de nombreux et curieux autographes d'hommes célèbres, — des médailles rares et des anciens sceaux originaux.

En face de l'Hôtel de Ville, sur la place, vous passerez auprès d'une médiocre statue équestre de Napoléon Ier. Le square, ancien cimetière de Saint-Ouen, qui entoure l'église abbatiale et l'Hôtel de Ville est fort beau, assez mouvementé, bien ombragé; vous pourrez vous y reposer un instant.

Tout en haut de la rue de la République, cette principale artère de la grande ville normande, dans l'angle de tête d'un triangle formé par cette rue au point ou elle s'incline à gauche, par la rue Sainte-Marie et par le boulevard Beauvoisine, au-dessus d'un des réservoirs où s'accumulent les eaux qui servent à l'alimentation de Rouen, on a, en 1879, construit, sur les plans de l'architecte de Perthes, une fontaine monumentale, un véritable *château d'eau*; les sculptures sont de Falguière : deux larges escaliers tracent un cercle autour du bassin inférieur où tombe en cascade une grande nappe d'eau; au-dessus se dresse un beau groupe de forme pyramidale, des deux cotés, deux autres groupes, animaux et personnages, sont placés sur de hauts piédestaux; l'ensemble est très-décoratif.

A gauche de cette fontaine, dans l'enclave Sainte-Marie, vous irez certainement visiter le riche Musée d'Antiquités Normandes qui est installé dans le vieux cloître de l'ancien couvent des Visitandines, monument bâtard de l'époque de Louis XIII. Là, vous verrez aussi le Musée de Céramique où l'on conserve des spécimens précieux des anciennes faïences de Rouen, et le Musée d'Histoire Naturelle où sont réunies des collections très complètes et fort intéressantes.

Le *Musée Départemental d'Antiquités*, créé en 1862, est aujourd'hui très riche en beaux monuments anciens. Le catalogue de cette remarquable collection a été rédigé, avec une grande science et un véritable talent, par MM. l'abbé Cochet, A. Deville et André Pottier.

J'appelle tout spécialement votre attention sur quelques pièces très remarquables qui offrent un très grand intérêt; dans la cour, voyez la vieille fontaine de la Croix-de-Pierre et la porte de la maison des Corneille, puis de vieilles caronades, des boulets, quelques pierres et quelques statues provenant d'anciens monuments. — La salle principale de ce musée contient des antiquités gallo-romaines, de cette époque si brillante qui a laissé trop peu de traces dans le Nord de la France, de cette époque dont tous les beaux monuments ont été impitoyablement détruits par les envahisseurs barbares, Franks, Saxons et Normands.

Vous y admirerez d'abord une magnifique mosaïque qui a été découverte, en 1838, par un inspecteur des forêts, M. Charlier, dans la vieille forêt gauloise de Brotonne. Elle couvre une surface de vingt-cinq mètres carrés; transportée à Rouen, elle y a été reconstituée, et les parties manquantes ont été restituées avec prudence et talent en 1861, par M. A. Pottier. Elle est formée de petits cubes de pierre juxtaposés, grossièrement taillés, de couleurs différentes : noir, blanc, gris, jaune et rouge. Encadrée dans une large bordure à rinceaux, cette magnifique mosaïque nous montre, au centre, dans un grand médaillon, son sujet principal : Orphée assis jouant de la lyre. Tout autour, dans huit compartiments, sont figurées aux angles, les quatre saisons; dans les parties intermédiaires, des animaux sauvages.

Des sarcophages sculptés et sur lesquels on lit des inscriptions, des grands vases, des urnes funéraires, des jarres, des fragments divers, une belle statue drapée trouvée à Lillebonne complètent l'ornementation de cette partie du Musée. — Dans la salle Deville, vous examinerez des poteries intéressantes par leurs formes originales, des armes en airain, des francisques et des framées de l'époque mérovingienne, quelques beaux exemples de ces agrafes antiques que l'on appelle des fibules, en or, en argent ou en cuivre émaillé, des colliers, des anneaux, des boucles. — Les fenêtres des galeries du musée sont ornées de vitraux anciens des XIIIe et XIVe siècles ; voyez attentivement ceux qui représententent le miracle de l'hostie vendue à un juif, ce sont les plus beaux, ils proviennent de l'ancienne église Saint-Eloi.

Dans les deux salles de la galerie Cochet sont réunis et groupés méthodiquement, des souvenirs intéressants du *Moyen-âge*, je vous en citerai fort peu. Remarquez d'abord la belle châsse de Saint-Sever qui a la forme d'une chapelle de style gothique du XIIe siècle, la carcasse en bois est recouverte de lames de cuivre argentées ou dorées, elle est ornée de fort jolies statuettes ; — puis, une belle croix filigranée du XIIe siècle qui provient de l'ancienne Abbaye de Gruchet-la-Valasse ; — des chapiteaux arrachés aux ruines de Saint-Georges-de-Boscherville, très curieux avec les musiciens qui les garnissent ; — de beaux bas-reliefs en marbre ; — des très rares pavés en terre cuite du XIIIe siècle ; — des émaux magnifiques, cloisonnés ou champlevés, — d'anciennes clefs de voûte profondément fouillées, — et, enfin une très belle Vierge assise, en ivoire, travail remarquable du XIIIe siècle. — La galerie Langlois renferme des meubles anciens, des ustensiles de toutes sortes, des armures curieuses, entre autres, la cotte d'armes d'Enguerrand de

Marigny. Il me reste à vous citer, ici, les deux belles grilles en fer forgé du XIIIe siècle qui proviennent de la cathédrale et que l'on a placées aux extrémités des galeries.

Le *Musée de Céramique* est voisin du musée d'antiquités; il a été fondé, en 1864, et s'est enrichi de la belle collection de M. l'abbé Colas. Il contient des spécimens magnifiques des diverses époques où l'industrie de la faïence a été florissante à Rouen. — Assiettes et plats, vasques et soupières, pichets et bouteilles aux formes si originales aux décorations si vives et si variées, vous retiendront longtemps, si vous êtes, ce dont je ne veux pas douter, amateurs de beaux bibelots.

Le *Musée d'Histoire Naturelle* a été créé, en 1828, par M. F. Pouchet, et contient des collections d'anatomie comparée, de quadrupèdes et d'oiseaux empaillés, de types ethnographiques et des spécimens nombreux et très complets de la géologie du pays. — Si vous visitez ce musée après avoir sur les plages du Calvados, dans les falaises de Villers ou de la Basse-Seine, cherché et trouvé les fossiles curieux qu'elles renferment, vous pourrez, ici, les reconnaître et les classer méthodiquement.

Lorsque vous avez parcouru la rue Jeanne-d'Arc, vous avez vu le square Solférino qui a été planté à l'angle de la rue Thiers et vous l'avez traversé en allant à Saint-Godard; vous aurez alors remarqué, à votre droite, ce grand bâtiment moderne, construit par l'architecte Sauvageot, et dont la façade est décorée de bustes et d'un fronton sculpté. Les six ou sept cents toiles qui forment le *Musée de Peinture de Rouen* sont exposées dans les galeries de cet édifice. — Il y a là de belles œuvres, des tableaux remarquables; je vais rapidement vous en signaler quelques-uns :

École Française : *Saint Denis couronné par un ange*, beau tableau du peintre philosophe, *Nicolas Poussin*, né au Grand-

Andelys, en 1594; — trois *Mignard : Repos de la Sainte-Famille, Tête de Christ, Ecce Homo*; ce dernier tableau est fort beau, et nous montre bien les qualités de grâce du grand peintre Troyen; un *Portrait de Samuel Bernard* par *Joseph Vivien*, le grand pastelliste; — *Présentation de la Vierge au Temple* et *Dom Louis Beaudouin, Chartreux de Gaillon*, du Rouennais *Jean Restout*; — un *Carl Vanloo : la Vierge et l'Enfant-Jésus*; — un bon tableau du Rouennais *J. P. Houel*, si exact dans ses reproductions : *Les Caves de Dieppedalle*, que vous verrez lorsque vous descendrez la Seine; — un magnifique *Portrait de Mme Vigée Le Brun*, du grand maître français *Jacques Louis David*; — trois tableaux du grand peintre rouennais *Géricault : Étude de cheval blanc, Académie d'homme*, et *Course de chevaux libres* : une salle spéciale du musée est consacrée à Géricault; on y a réuni un grand nombre de dessins, de calques, d'aquarelles de ce grand artiste; — une très belle toile d'*Eugène Delacroix : La justice de Trajan*; — une *Vue de Ville d'Avray* de *Corot*; — un *Chaplin : Une partie de loto*.

Ecole italienne : trois tableaux du *Pérugin*, Pietro Vannucci, le grand peintre des Vierges : *Adoration des Mages, Baptême de Jésus Christ* et *la Résurrection*; — un beau *Portrait* du grand coloriste Tiziano Vecellio, *le Titien*, incomparable dans le portrait; — un autre *Portrait d'homme* de son élève Jacopo Robusti dit *le Tintoret*; — deux œuvres de Paolo Caliari, du magnifique *Véronèse : Une Vision*, et *Saint Barnabé guérissant les malades*; — un *Saint François d'Assises en extase* du correct et parfait *Louis Carrache*; — *Un Philosophe* et *Saint Sébastien*, du sombre peintre des haillons et des meurtres, *Michel-Ange de Caravage*; — un *Saint Janvier* de *Guido Reni*; — *Une caravane* du paysagiste génois *Castiglione*;

L'Espagnolet, Joseph Ribera, qui aimait tant à peindre des scènes terribles, est représenté au musée de Rouen par trois tableaux qui paraissent sortir de ses sujets habituels : *Le Samaritain*, *Zacharie* et le *Portrait d'un géographe*.

Je vous citerai un seul maître hollandais, *Albert Cuyp*, dont le musée de Rouen possède un très bel *Intérieur d'église*.

École flamande : *Jésus chez Marthe et Marie* du religionnaire *Jacques Jordaens*; — trois œuvres de *Philippe de Champaigne*, qui excellait dans le portrait : *Portrait de Pierre Corneille*, *Portrait de l'Abbé de Saint-Cyran* et un *Chœur d'Anges*; — un splendide paysage : *Ravin dans une forêt* de *Cornélis Huysmans*, le peintre anversois que l'on appelle d'ordinaire Cornélis de Malines; — *Un métier de chien* du peintre flamand tout moderne et tout parisien, *Joseph Stevens*.

Le musée de Rouen possède aussi quelques belles œuvres de sculpture. Vous remarquerez un *Corneille* de *J.-J. Caffieri*, un beau *buste de David* de *François Rude*, un *buste d'Armand Carrel* de *Jean David d'Angers*, et un *buste de Boïeldieu* de *Jean-Pierre Dantan*, qui est aussi l'auteur de la belle statue du compositeur rouennais que vous verrez en face de la Bourse, à la Petite-Provence.

Au n° 53 de la rue de la République, au fond d'une cour entourée de bâtiments disparates, vous verrez une portion d'habitation qui faisait autrefois partie de l'ancienne *Abbaye de Saint-Amand*, fondée en 1030. C'est une splendide construction de la fin du xve siècle : au dessus d'un rez-de-chaussée en maçonnerie, s'élèvent deux étages en pans de bois, entièrement revêtus, à l'extérieur, de beaux panneaux en bois sculptés formant des pilastres et entourant de riches fenestrages ornés d'accolades fleuronnées.

Une fort jolie cheminée monumentale du XVIe siècle garnissait la chambre de l'Abbesse Guillemette d'Assy, dont je devrai encore vous citer le nom lorsque nous irons à Boos. Sur les lambris de cette cheminée se détachent, en relief, dans des niches séparées par des pilastres, les images de la Vierge, de l'ange Gabriel, de Sainte Marguerite et de Sainte Madeleine : elle a été transportée et rétablie dans une maison du faubourg de Bouvreuil, rue Bousquet, 85.

La *Bourse de Rouen*, qu'on appelle aussi « *les Consuls* », est l'œuvre de Blondel, le fils de l'architecte qui a construit à Paris la porte Saint-Denis. Elle a été édifiée en 1735, sur le cours planté d'arbres qui porte aujourd'hui le nom de cours Boïeldieu, et où se trouve la statue de ce charmant compositeur. — Un très bel escalier monumental mène au premier étage, où sont installés le tribunal et la chambre de commerce de Rouen; vous verrez là deux toiles intéressantes d'un artiste rouennais de la fin du siècle dernier, Anicet Lemonnier : l'une d'elles représente la réception à Rouen, en 1786, du roi Louis XVI.

Sur ce même cours Boïeldieu, à l'angle de la rue du Grand-Pont, s'élève le principal théâtre de Rouen : le *théâtre des Arts*. Détruit, en 1876, par un violent incendie, il a été reconstruit immédiatement sur les plans de l'architecte Sauvageot ; les sculptures qui couvrent le tympan du fronton sont l'œuvre de M. Chapu.

Vous ne devrez pas quitter Rouen sans avoir vu un charmant monument de la Renaissance : *la tour de Saint-Ro-*

main, qui est adossée aux vieilles halles. En y allant, vous passerez au coin de la rue de la Savonnerie, auprès d'une très singulière fontaine, plaquée sur une maison qui appartenait autrefois aux évêques de Lisieux. C'est une prétentieuse allégorie : un massif en pierre de forme pyramidale porte à son sommet, une statue du dieu Apollon ; au dessous vous voyez le rétif Pégase piaffant, et plus bas encore des Muses en fort mauvais état, et une Philosophie à trois têtes : logique, physique et métaphysique, très détériorée aussi. Tous ces sujets sont disséminés dans un paysage tortueux que sillonne un chemin très ardu. Que c'est donc beau, l'allégorie ! — Vous aurez aussi vu, dans cette même rue de la Savonnerie, à l'angle de la rue de la Tuile, une vieille maison construite pendant la première moitié du XVe siècle. Les pans de bois de chacun de ses trois étages sont posés en encorbellement, s'avançant toujours davantage sur la rue. Remarquez la corniche fort saillante qui, placée à la base du pignon, figure des machicoulis. Sur les montants, supportant les encorbellements taillés en forme de dais de style gothique, sont sculptés des personnages qui vous rappelleront ceux que vous avez du voir, rue Malpalu, dans une curieuse maison entièrement ajourée, et dont les montants sont aussi garnis de figurines placées dans des niches à fleurons gothiques.

Mais allons à la place de la Haute-Vieille-Tour où s'élèvent les halles, vaste bâtiment où sont installés les marchés aux toiles, aux cotons et aux draps ; elles ont été construites, sur l'emplacement de bâtiments qui dataient du XIIIe siècle, de 1621 à 1632 sauf toutefois la halle neuve qui n'a été élevée qu'en 1744. Ces grands bâtiments n'offrent aucun intérêt, mais vos regards seront immédiatement attirés par un remarquable édicule de la Renaissance, haut pavillon svelte et élégant, tout à jour, qui est appliqué, sans s'y relier du reste en aucune façon, sur les halles. Cet édifice, qui ne peut servir aux cérémonies du culte, porte cependant le nom de chapelle de Saint-Romain ; c'est là qu'autrefois, chaque année, le jour de l'Ascension se faisait une singulière cérémonie : — *La levée de la Fierte.*— A ce jour, en vertu d'un privilège qui lui avait été accordé en commémoration du miracle de la Gargouille, le clergé du diocèse de Rouen apportait processionnellement, au premier étage de cette chapelle où l'on accède par deux larges escaliers, la châsse qui contenait les reliques de Saint Romain ; un condamné qui y avait été conduit auparavant, soulevait par trois fois, en présence du peuple assemblé, les saintes reliques, et était immédiatement mis en liberté.

Connaissez-vous la légende de la Gargouille ? un monstre horrible habitait, autrefois, les vastes marais du fleuve et dévorait hommes et bêtes, tout ce qui passait à sa portée. Saint Romain, je ne sais trop comment, en délivra le pays, et, pendant bien des siècles, en souvenir de ce miracle, on promena chaque année dans les rues de la ville la Gargouille, grand et hideux mannequin d'osier à qui on remplissait la geule de petits cochons de lait.

Ce charmant édifice est composé de cinq corps superposés : le rez-de-chaussée, qui consiste en un portique carré, percé de quatres grandes arcades, a toujours servi de passage public ; au-dessus, s'élève la chapelle proprement dite qui, elle aussi, forme un portique largement ouvert, orné de colonnes d'ordre corinthien portant des arcades plein cintre et quatre frontons admirablement proportionnés. La partie supérieure de l'édifice affecte la forme pyramidale, et se compose d'un élégant pavillon carré qui porte une belle lanterne ronde et un petit lanternon. La chapelle de Saint-Romain a été très rapidement édifiée, de septembre 1542 à mai 1543: c'est un monument très remarquable par ses lignes si bien agencées et par ses proportions si belles et si correctes. Le nom de l'architecte qui l'a construite ne nous est pas parvenu.

*
* *

En sortant des halles, vous pourrez, si cela peut vous plaire, traverser le champ de Mars dont je vous rappellerai, seulement l'ancien nom : *le Pré-aux-Loups*, puis vous reviendrez aux quais et passerez sur le pont de pierre qui relie la ville à l'île Lacroix et au faubourg Saint-Sever. Sur le terre-plein, à la pointe extrême de l'île, entre les deux parties du pont, on a inauguré, en 1834, la statue en bronze, œuvre de David d'Angers, élevée en l'honneur du grand écrivain rouennais Pierre Corneille.

Après avoir traversé le pont, sur la rive gauche de la Seine, en amont, vous parcourrez une belle promenade ombragée par quatre rangées d'ormes magnifiques : le *Cours la Reine*, planté en 1548, pour la Duchesse de Longueville.

Vous vous ferez ensuite conduire au *Jardin des Plantes*, vaste parc où vous verrez de belles collections d'arbres exotiques. — En revenant au quai, vous passerez auprès du monument, élevé sur la place Saint-Sever, au chanoine de Reims, Jean-Baptiste de La Salle, ce grand chrétien qui consacra sa vie et son patrimoine à la belle et utile institution des Frères des Ecoles Chrétiennes.

Vous regagnerez ensuite la rive droite par le *nouveau pont* qui vient d'être construit sur l'emplacement de l'ancien pont suspendu. Dans le fleuve, sous vos pieds, on retrouve les solides assises du vieux pont que Mathilde, la petite fille du

Conquérant, la malheureuse épouse de Geoffroy Plantagenet, avait fait construire lorsqu'à la fin de sa vie elle était venue dans sa bonne ville de Rouen, loin de la Cour, chercher le repos et l'oubli. — Ce nouveau pont n'a aucun caractère architectural : c'est une œuvre d'ingénieur, une construction scientifique; ses trois arches métalliques, portées sur des piles et des culées en pierre de Conblanchien, sont d'inégales largeurs et choquent la vue; les parties décoratives sont assez bien traitées: les refuges, les balustrades, les corniches, ne manquent pas d'une certaine élégance.

Je crois vous avoir décrit les principaux monuments de Rouen; je vous ai montré ses admirables églises, ses splendides hôtels, ses curieuses maisons; je vous ai signalé ses principales promenades, ses squares, ses fontaines, ses statues : il ne me reste qu'à vous conduire à l'Avenue du Mont-Riboudet, et à faire, avec vous, le tour de ses boulevards.

En suivant les quais de la rive droite, vous passerez devant *la Douane*, qui « est, — dit M. André Pottier, — un vaste bâtiment divisé en trois parties : un corps central et deux pavillons portés un peu en avant; elle a été construite, en 1836, d'après les plans de M. Edouard Isabelle. La partie du milieu est ornée de deux statues, dues au ciseau de David d'Angers, et représentant l'une la Navigation, l'autre le Commerce, accompagnés des principaux attributs qui les distinguent. Un fronton placé au fond de la cour, et dont le sujet est Mercure, est l'œuvre de Coustou; il faisait partie de l'ancienne douane, autrement dite Romaine, qui avait été construite par les fermiers généraux, de 1723 à 1726, et que l'alignement des quais a fait disparaître. »

L'avenue du Mont-Riboudet, qui, des quais, conduit aux routes de Dieppe et du Havre à travers le *faubourg Cauchoise*, est une belle promenade, plantée d'arbres, qu'il faut parcourir; vous y trouverez de très jolis points de vue. — Avant de quitter Rouen, faites encore le tour de ses boulevards, qui occupent l'emplacement des anciennes fortifications de la vieille ville normande. — Au point où finit le quai du Havre et où commence le quai du Mont-Riboudet, prenez le *boulevard Cauchoise*, bordé de beaux hôtels modernes, et où vous verrez, à votre droite, les jardins de la Préfecture. A la *place Cauchoise* commence, s'infléchissant à droite, le *boulevard Jeanne-d'Arc*, au bout duquel vous apercevez la vieille tour où la pucelle d'Orléans subit le martyre de son long et cruel procès; — vous suivez ensuite le *boulevard Beauvoisine*, qui vous conduit jusqu'au château d'eau de Sainte-Marie : là, il se coude et se prolonge ensuite jusqu'au *boulevard Saint-Hilaire;* celui-ci se dirige vers le Sud et rejoint le *boulevard Martainville*, qui aboutit au *champ de Mars;* vous serez bientôt au *quai de Paris*, où sont groupés les principaux hôtels, les grands restaurants, les cafés élégants de Rouen.

Le lendemain, vous irez au Havre par les bateaux à vapeur qui, en été, partent chaque jour du quai du Havre, en face de la Douane.

CHAPITRE II

AUTOUR DE ROUEN

ET

LA SEINE DE ROUEN AU HAVRE

Excursion aux environs de Rouen. — Notre-Dame-de-Bon-Secours, sur la Côte Sainte-Catherine. — Darnétal, ses églises, ses légendes. — Saint-Jacques-sur-

Darnétal. — La ferme du Colombier et la forêt Verte. — La forêt de Roumare et Canteleu. — Le colombier de Boos. — Le château de Martinville-sur-Ry.

De Rouen au Havre par la Seine. — La Commanderie de Sainte-Vaubourg au Val-de-la-Haie. — L'église de Moulineaux. — L'Abbaye de Saint-Georges-de-Boscherville. — Duclair. — Le manoir d'Agnès, Dame de Beauté. — La forêt de Brotonne. — L'Abbaye de Jumièges. — Le parc de la Mailleraye. — Caudebec et Villequier, le Mascaret; le cloître de Saint-Wandrille et l'église de Sainte-Gertrude. — Quillebeuf et Port-Jérôme. — La vallée de Lillebonne. — Le Marais Vernier. — L'aiguille de Pierre-Gand et le château de Tancarville. — L'Estuaire de la Seine. — L'arrivée au Havre.

Vous avez bien vu Rouen, vous connaissez tous ses magnifiques monuments, vous avez parcouru toutes ses vieilles rues, étudiant, dessinant quelques lucarnes remarquables, quelques épis curieux; l'ancienne capitale du Duché de Normandie vous a montré tout ce qui lui reste de son antique splendeur.

Vous devez, avant de prendre le bateau qui vous conduira au Havre, consacrer une journée, à faire en voiture, une charmante promenade; décrivant sur la rive droite de la Seine, à l'Est et au Nord de la ville, un grand demi cercle, vous visiterez Blosseville-Bon-Secours, Darnétal et Saint-Jacques, vous irez à Bois-Guillaume et à la Forêt Verte; vous traverserez Maromme, vous parcourerez un des coins les plus pittoresques de la forêt de Roumare et vous reviendrez à Rouen par la route qui passe auprès de Déville.

Une autre excursion, plus longue, mais qui mérite d'être faite, vous conduira, si vous avez une seconde journée libre, à Boos et à Martinville; dans ce cas, vous visiteriez Blosseville-Bon-Secours en allant à Boos, Saint-Jacques et Darnétal en revenant de Martinville; votre première journée se passerait alors à courir la forêt de Roumare, de Canteleu à Maromme, à voir la forêt Verte, Bois-Guillaume et Mont-Saint-Aignan.

*
* *

Notre-Dame-de-Bon-Secours est une église moderne, construite de 1840 à 1842, d'après les plans de M. Barthélemy, dans le style gothique du XIIIe siècle, sur l'emplacement d'une antique chapelle miraculeuse, qui tombait en ruine; les pèlerins, autrefois, y venaient en foule de tous les points de la Normandie, ils gravissaient un chemin fort raide, aboutissant à un calvaire, que vous voyez sur une plate-forme auprès de l'église. — Une excellente route, qui contourne la *montagne Sainte-Catherine*, s'élevant par des pentes douces jusqu'à son sommet, a été construite en 1870; en la suivant, retournez-vous à chacun de ses détours, pour admirer les magnifiques paysages qui vous entourent : dans la vallée, Rouen et son faubourg Saint-Sever, la Seine, coupée d'îles, et qui bientôt disparaît au pied des coteaux de Canteleu; de l'autre côté, droit au Sud, le fleuve, baignant de magnifiques prairies, longe les collines de la rive droite, jusqu'en face d'Oissel, la forêt de Rouvray, que vous avez vue en venant en chemin de fer à Rouen, étale devant vous ses grands ombrages.

L'église de Bon-Secours comprend une nef avec collatéraux; le portail est percé de trois belles portes dont les tympans sont ornés de sculptures; au-dessus, vous voyez une magnifique rosace, et le tout est dominé par une haute tour carrée, couverte d'une pyramide à huit pans, munie de clochetons. — A l'intérieur, les chapiteaux des colonnes, ainsi que les voûtes du chœur, sont décorés de peintures assez intéressantes, et les fenêtres géminées nous montrent des vitraux modernes, qui produisent un assez bel effet; le maître-autel, en bronze doré, et la chaire, en chêne sculpté, sont des produits remarquables de l'industrie moderne.

La côte Sainte-Catherine, au sommet de laquelle, vous vous trouvez, haute roche crayeuse, escarpée, domine les vallées de la Seine et de Darnétal. — Auprès de la mairie de *Blosseville*, vous trouverez un chemin que les gens du pays désignent sous le nom bizarre de « *route du Nid-de-Chien* » : il vous conduira à la vallée de Darnétal, où coulent les petites rivières, le *Robec* et l'*Aubette*.

*
* *

Darnétal est un faubourg de Rouen, très peuplé, très industriel, très riche ; vous y verrez les plus importantes filatures de laines de la région, des grandes teintureries, des indienneries, des tissages. Le gros bourg a une origine fort ancienne ; son nom est, dit-on, de racine celtique : lorsque vous visiterez Caen, vous retrouverez ce même nom que l'on donnait, autrefois, à l'un des faubourg du chef-lieu du Calvados.

Deux églises à visiter :

Au milieu des blanches maisons, des vertes prairies qui l'entourent, vous avez déjà aperçu de loin la haute tour, construite au xve siècle, de l'*église de Carville*. Henri IV, à la fin du xvie siècle, assiégeant le fort Sainte-Catherine, avait fait de cette tour, son poste d'observation ; il y passait de longues heures, surveillant les travaux du siège, observant leurs résultats ; la tradition veut qu'un boulet ennemi, passant au-dessus de sa tête, lui enleva le célèbre panache qui ornait son chapeau. — La tour gothique, très élégante, est maintenant isolée de l'église reconstruite en 1687, peu intéressante ; je vous y signalerai seulement quelques restes de vieux vitraux et un singulier calvaire, formé de coquillages, de rochers bizarrement contournés et de stalactites.

Long-Paon, qui est à l'autre extrémité du bourg, vous rappellera une légende populaire : Rollon, le premier Duc de Normandie, faisait transporter à Rouen les restes de Saint Ouen : arrivées à la place où s'élève l'église, ces reliques devinrent tellement lourdes, que nul ne put les soulever. Le duc, nouveau et naturellement très fervent croyant, vint, pieds nus, à leur rencontre, chantant les louanges du Saint, et remporta à Rouen ses ossements qui avaient repris leur poids naturel. Vous verrez au bas de la tour de l'église un naïf rébus qui rappelle ce miracle, le miracle des *Longues Louanges* : le mot *lom*, suivi d'une figure de paon, est sculpté dans la pierre. — L'église a été construite aux XVe et XVIe siècles; il y a une trentaine d'années, elle a été complètement réparée. Ses voûtes, en charpente, sont couvertes de peintures. Quelques verrières, qui datent de l'époque de la Renaissance, sont très intéressantes encore, malgré les restaurations qu'elles ont subies.

Si vous allez jusqu'à *Saint-Jacques-sur-Darnétal*, vous passerez devant une église moderne, de style roman, auprès de laquelle vous remarquerez une vieille croix de pierre qui date du XVIe siècle. Puis vous visiterez, au milieu d'un beau parc, le château, dont l'oratoire est éclairé par des fenêtres ornées de beaux vitraux peints. — Viollet-le-Duc signale un intéressant colombier : « Il existe encore, — dit-il, — près de Rouen, à Saint-Jacques, un très beau colombier, bâti de briques de diverses couleurs, et qui appartient au commencement du XVIe siècle. Trois lucarnes de bois s'ouvrent dans le comble. Ses dispositions rappellent le colombier de Nesle. Cependant l'étage supérieur est porté en encorbellement sur le soubassement, ce qui donne à cette construction une certaine grâce. »

*
* *

En quittant Darnétal, vous irez par un ravissant chemin, gravissant en la contournant la haute colline qui, au Nord de Rouen, fait face à la côte Sainte-Catherine; vous admirerez les beaux sites, les vastes horizons, les points de vue pittoresques que l'on découvre de toutes les parties de cette route. Vous arriverez bientôt à *Bois-Guillaume*, où vous verrez une jolie église qui a conservé son élégante nef du XVIe siècle et une très curieuse piscine en pierre placée dans un des transepts.

Sur la route de Neufchâtel, que vous allez suivre jusqu'à Isneauville, vous verrez la *ferme du Colombier*, vieux manoir du XIIIe siècle qui a souvent été remanié, mais qui a conservé quelques parties intéressantes; puis, après avoir traversé le village, vous prendrez, à votre droite, une route qui descend dans une étroite et ombreuse vallée, très encaissée, et traverse la *forêt Verte*; de belles et hautes futaies couvrent les deux versants du vallon et les plateaux voisins, mais la forêt est mal percée et difficile à visiter; si vous vouliez y faire une promenade pédestre, vous devriez parcourir des sentiers tortueux et mal tracés qui se croisent et se recroisent et où l'on s'égare facilement. Continuez à suivre cette jolie route, qui débouche bientôt dans la vallée de Cailly; au-dessus de Maromme, vous coupez à angle droit la ligne de fer et la grand'route qui, l'une et l'autre, conduisent de Rouen au Havre.

Maromme, que vous allez traverser rapidement, est une agglomération d'usines groupées au fond d'une vallée très fraîche, très gaie, très verte; vous prendrez ensuite un chemin qui monte à la Vaupalière, et traverserez dans presque toute sa longueur, du Nord au Sud, passant à *Montigny*, au *Rond-du-Chêne-à-Leu*, aux *Treize-Chênes*, la magnifique *forêt de Roumare;* vous reviendrez ensuite sur vos pas jusqu'à *Canteleu*, vous verrez son beau *château*, œuvre de Mansard, ses fraîches et ravissantes allées, ses roches percées d'excavations; puis vous redescendrez sur les bords de la Seine, et rentrerez enfin à Rouen, en passant à *Deville*, où l'on vous montrera une croix de cimetière du XVIe siècle et une fontaine miraculeuse, la *fontaine de Saint-Siméon.*

***

Il faudra vous décider à aller à *Boos*, ne fût-ce que pour y voir l'ancienne maison de plaisance des riches et galantes Abbesses de Saint-Amand, auxquelles Boos appartenait dès le XIIe siècle: c'est aujourd'hui une grande ferme; remarquez ses murs de clôture construits en briques de différentes couleurs formant des lozanges; quelques parties des anciens bâtiments édifiés au XIIIe siècle subsistent encore, mais ce que vous êtes venu voir ici c'est cet admirable colombier, construit au commencement du XVIe siècle, véritable chef-d'œuvre de coquetterie artistique qui témoigne hautement du goût raffiné de Guillemette d'Assy, Abbesse de Saint-Amand. Le colombier de Boos, « construit, — dit M. L. Palustre, — avec un luxe exceptionnel, est décoré, en outre, de la manière la plus heureuse. Octogonale en plan, il présente sur chaque face deux grands panneaux mosaïques qu'encadrent de larges pierres blanches. Et, comme s'il ne suffisait pas de mêler les briques naturelles à celles qui se dérobent sous un vernis noir ou vert, on a découpé à la partie supérieure une série d'arcatures en plein cintre abritant des trèfles ou des quatrefeuilles, pour la plupart ornés de carreaux émaillés à la façon de ceux qu'on employait à l'intérieur des appartements. Sur les uns sont figurés de gracieux fleurons, tandis que les autres montrent des têtes d'hommes ou de femmes d'une assez bonne exécution. » — Les belles faïences que l'éminent auteur de *la Renaissance en France* vient de citer sont, d'après M. Gaston Le Breton, l'œuvre du grand artiste Laurent Abaquesne.

*
* *

A *Martinville-sur-Ry*, sur la route de Rouen à Beauvais, à quelques kilomètres au-delà de Darnétal, vous visiterez le magnifique château qui appartient au Baron de Villers, une des plus belles parmi les anciennes constructions d'art si nombreuses dans le département de la Seine-Inférieure. « Il consiste, — dit Mlle A. Bosquet, — en un large corps de bâtiment flanqué de quatre fortes tours. Au milieu de la partie centrale est appliquée une jolie tourelle à trois pans, suspendue en encorbellement au-dessus de la porte principale ; elle renferme une petite chapelle éclairée par trois hautes fenêtres, du plus beau gothique du XVIe siècle... ; la partie supérieure de cette tourelle, qui s'évase en montant vers le faîte, est garnie de machicoulis. Une autre tourelle, dite de l'Horloge, moins ornée que celle-ci, lui sert de pendant sur la face opposée du château. Sur le toit de la partie centrale et sur celui de chacune des tours et des tourelles, sont plantés des épis de plomb qui leur forment de délicates aigrettes ».

*
* *

Si, comme je vous le recommande vivement, vous allez de Rouen au Havre en bateau à vapeur, vous parcourrez un admirable pays, une magnifique, splendide vallée où le fleuve, décrivant ses nombreux méandres au travers des alluvions, est alternativement rejeté par les grands avancements rocheux au pied des collines crayeuses qui bordent ses deux rives opposées; vous contournerez successivement toutes ces longues presqu'îles qu'il enlace de son cours sinueux; nous admirerons ensemble les vastes forêts qui couronnent de leurs sombres ombrages le sommet des collines, les plantureux pâturages qui recouvrent les plaines basses, souvent marécageuses, et viennent jeter leurs fraîches verdures jusqu'aux rives du fleuve où elles se reflètent; vous longerez les hautes falaises à pic percées de grottes, vous compterez les riches villages où la vie moderne a apporté toutes ses aisances, vous comtemplerez les ruines grandioses des grandes et puissantes abbayes, des formidables donjons féodaux, les admirables temples chrétiens de l'époque romane et les hautes flèches aiguës des belles églises gothiques.

Et, si vous êtes du nombre de ces heureux du monde, s vous êtes de ceux qu'a favorisés la frivole dame Fortune, si vous pouvez faire cette promenade à votre gré, dans les conditions les meilleures, les plus favorables, si vous avez, amarré aux quais de Rouen, une grande et bonne embarcation bien gréée ou un de ces élégants yachts où l'on vit si heureux, si vous pouvez aller à votre fantaisie, vous arrêtant partout où il y a quelque chose de curieux à voir, repartant aussitôt visite faite, vous ferez alors un des plus intéressants voyages que l'on puisse rêver. Vous suivrez ces rives enchanteresses, cherchant tout, voyant tout, les sites et les monuments, vous rappelant les souvenirs historiques, étudiant tout, les érosions de la rivière, la formation du sol, sa faune et sa flore. Vous verrez le fleuve devenir peu à peu un large bras de mer où la marée, se faisant

toujours plus fortement sentir, couvre et découvre bientôt de larges bancs vaseux; et lorsque, à mer basse, vous suspendrez pendant quelques heures votre voyage, orsque les oiseaux de mer, suivant le flot qui se retire, se rapprochent des eaux profondes, vous aurez bien des chances de tirer au passage de curieux échassiers, des aviateurs, des voiliers, canards, vanneaux et pluviers, barges, courlis, alouettes de mer et bien d'autres encore.

Avant de quitter Rouen, jetez sur ces beaux quais, si animés, un dernier regard, revoyez encore les collines de Bois-Guillaume et de Sainte-Catherine, l'église de Notre-Dame-de-Bon-Secours, toutes les tours, toutes les flèches qui partout pointent au-dessus des constructions de la ville, voyez la large rivière encombrée de navires, les hautes cheminées qui, dans les vallées industrielles, dans les faubourgs populeux, signalent les nombreuses et riches usines.

Par son commerce maritime, Rouen est un des *ports* les plus importants de la France, le cinquième je crois. — Il sert d'intermédiaire entre Paris et la Basse-Seine. Les grands travaux d'endiguement du fleuve et d'approfondissement des passes qui ont été exécutés entre Rouen et l'embouchure de la Rille permettent aux navires, ayant un tirant d'eau de six mètres, d'accoster les quais de Saint-Sever et de Rouen, et d'y déverser ou d'y charger toutes ces marchandises que vous y voyez accumulées. Environ trois mille navires, jaugeant près d'un million de tonnes, remontent chaque année la Seine jusqu'à Rouen, et l'on évalue l'importance de son commerce maritime à près de deux cent vingt-cinq millions de francs, annuellement.

Dans les années prospères, plus d'un million et demi de broches filent le coton à Rouen et aux environs, et produisent près des deux tiers des cotonnades fabriquées en France. Partout on les connait sous le nom de *Rouennerie*, et, dans tous les pays méridionaux, en Algérie par exemple, on en fait une très grande consommation. Les habitants de l'Amérique du Sud emploient, pour s'en faire des manteaux, certaines étoffes de coton spécialement fabriquées pour eux à Rouen et auxquelles ils donnent le nom de *Ruanas*.

Mais la cloche du bateau vient de sonner le départ, vous êtes bien installés, vous avez choisi une bonne place de façon à bien voir en avant, et en arrière aussi; vous avez sous les yeux une carte du fleuve, bien complète, bien explicite; vous avez aussi votre Guide, que vous avez parcouru la veille, que vous laisserez précieusement renfermé dans votre sac de voyage, et que vous consulterez seulement en cas de défaillance absolue de votre mémoire.

Le bateau vient de quitter le quai, vous voilà en route. Devant vous, un peu à droite, s'ouvre la belle et riche vallée de Maromme, profondément entaillée entre les hauteurs qui, au Nord de Rouen, sont couvertes des ombrages de la forêt Verte, et le versant oriental de ce long soulèvement rocheux qui va rejeter le fleuve à gauche et lui faire décrire un de ses plus grands circuits. — Cette vallée de Maromme, est très peuplée, très industrielle; la voie ferrée qui conduit de Rouen au Havre, sortant du grand tunnel sous lequel elle vient de traverser la ville, suit à mi-côte la rive gauche toute boisée du ruisseau de Cailly; Déville-les-Rouen vous apparaît un instant; bientôt vous longerez les falaises de la rive droite de la Seine que dominent les belles verdures de la forêt de Roumare; les bords du fleuve, à la base de la colline, sont couverts d'élégantes villas, de hameaux proprets, coquets, blancs, verts et roses. Vous avez dépassé les trois petites îles du *Petit Guay*, d'*Alexandre* et de *Grandin*, envahies par les guinguettes rouennaises. Le fleuve tourne à gauche.

La *forêt de Roumare* est très bien percée, découpée dans tous les sens par de belles avenues, qui forment, sur sa ligne de crête, des carrefours magnifiques; le plus connu, le plus haut placé aussi, est le Rond du Chêne à Leu, — vous avez dû y aller, — où passe la route directe de Rouen à Duclair et d'où l'on domine et Rouen, à l'Est, et, à l'Ouest, par-dessus un magnifique bois de sapins, la grande courbe que trace le fleuve depuis Saint-Martin-de-Boscherville jusqu'à Duclair. Cette forêt est très peuplée de grands fauves; on y court le cerf.

Mais restons dans la vallée. Vous longez l'*île Rivelt*, par-dessus laquelle vous voyez, tout entouré de grands jardins maraîchers, *le Petit-Quevilly*, une espèce de petit faubourg industriel de Saint-Sever, le grand faubourg de Rouen. Les archéologues vont y étudier les peintures décoratives des XIIe et XIIIe siècles qui ornent la chapelle romane de Saint-Julien, dépendant autrefois d'une léproserie fondée, en 1183, par le Duc de Normandie, Roi d'Angleterre, Henry II. Sur la rive droite du fleuve qu'il domine du haut de la colline, vous voyez Canteleu, où vous avez fait une charmante promenade. Toute cette rive du fleuve est serrée de près par les pittoresques falaises au dessus desquelles s'étend, au loin, la forêt de Roumare. Voici *Croisset*, un charmant hameau niché dans un site frais et vert, où habitait Flaubert, le puissant romancier dont vous avez lu les fortes œuvres; puis *Dieppedalle* avec ses maisons alignées entre le fleuve et de magnifiques rochers, percés de grottes et d'excavations dont la plupart ont été transformées, par les habitants, en caves et en magasins; vous vous rappellerez ici le charmant tableau de Houel que vous avez vu au musée de Rouen.

Au milieu du fleuve, qui l'entoure de ses deux bras, l'*île Sainte-Barbe*, et, sur la rive gauche, entouré de grasses et fraîches prairies, *Grand Quevilly*, gros village où vous apercevez un beau château du XVIIIe siècle caché dans un parc touffu.

Derrière Quevilly, descendant jusque dans la vallée et

couvrant les coteaux et un haut plateau, vous voyez les grands pins et les maigres buissons de la *forêt de Rouvray* qui, depuis Elbeuf et la Bouille, s'étend sur la péninsule formée par le fleuve en face de Rouen : cette forêt, où l'on a retrouvé quelques pierres druidiques, a dû être habitée aux premiers siècles de notre ère, par la puissante tribu celtique des Waëlbus ; les vieux écrivains nous disent que les premiers Ducs Normands y chassaient les fauves, et, c'est dans une des résidences de chasse qu'il possédait au pied du versant occidental de cette forêt que Guillaume le Bâtard apprit la mort du Roi Edouard, et décida, prépara, l'invasion de la grande île Saxonne.

Sur la même rive, à un kilomètre du fleuve, au pied de la colline doucement inclinée, vous voyez à peu de distance l'un de l'autre *Petit-Couronne* et Grand-Couronne. — Devant l'église du premier de ces villages, on remarque un if énorme ; les admirateurs fervents du tragique Pierre Corneille s'arrêtent ici pour visiter une maison qui a appartenu à son père et où il venait souvent, en compagnie de son frère, se reposer de ses travaux ; on y a installé une espèce de musée, où l'on a réuni un grand nombre de souvenirs du grand poëte rouennais.

Le bateau longe une grande île et passe tout auprès des maisons du *Val-de-la-Haie*, serrées tout au bord du fleuve par les hautes collines. Une vieille commanderie dont Henry II avait aumôné les Templiers et qui appartint jusqu'à la Révolution aux Chevaliers de Malte : la *Commanderie de Sainte-Vaubourg*, existait jadis dans ce village ; il n'en reste presque rien : une grange du XIIIe siècle et quelques débris des murs d'enceinte. Dans l'église du village on remarque un beau baptistère du XVIe siècle et une Vierge, statue fort ancienne, qui provient de la chapelle de la Commanderie; elle est très vénérée et on la voit toujours entourée des longs rubans blancs, dont la ceignent les femmes grosses qui ont conservé le superstitieux souvenir de la fameuse et prolifique ceinture de Sainte-Vaubourg. — Sur la rive gauche, en face du Val-de-la-Haie, vous apercevez une colonne dorique, surmontée d'un aigle, ornée de bagues en bronze et de bas-reliefs, qui a été élevée en commémoration du transbordement, opéré sur ce point du fleuve, des cendres de Napoléon Ier, du steamer *la Normandie* sur le bateau *la Dorade*.

Puis le fleuve s'élargit, formant une bizarre protubérance autour d'une île basse, en face de *Grand-Couronne*, gros village qui possède une vieille église, construite au XIIe siècle, où l'on peut encore voir quelques vieux vitraux peints. — En face de Grand-Couronne, assez loin du rivage, au-delà de splendides prairies, voici *Hautot*, enfoui dans de grands arbres, au centre d'un magnifique paysage. Le fleuve, fort large en cet endroit, s'infléchit à l'Ouest, décrivant une grande courbe gracieuse, et vous voyez un très beau parc, très ombreux, où pointent, au dessus des riches verdures, les tourelles du château du Marquis de Bonneval. Sur la rive gauche, au sommet du circuit formé par la rivière, au pied de la colline où s'élevait jadis le château de Robert le Diable, voici le village de *Moulineaux*. « Nos antiquaires, — dit Mlle A. Bosquet, — discutent encore pour déterminer, entre tous les Robert normands, lequel est le véritable patron du château; mais l'histoire nous apprend seulement avec certitude que cette forteresse fut habitée par Jean sans Terre, et que, après avoir employé de fortes sommes à la mettre en défense, sinon à la construire, ce prince la fit abattre lorsqu'il fut obligé de fuir de Normandie devant les armes victorieuses de Philippe-Auguste. Les derniers pans de ce château-fort, relevé dans le

XIVe siècle, sont maintenant complètement arasés. Il ne reste plus que la motte dressée au-dessus des profonds fossés qui isolaient cette forteresse du reste du mamelon. Quant à l'église de Moulineaux, certainement construite aussi par Jean sans Terre, c'est un des premiers essais du style ogival; elle a toute la grâce et la simplicité aristocratiques de la sobre architecture du XIIIe siècle : c'est bien une fille de roi perdue dans un village. Elle possède à l'intérieur un vitrail célèbre, dont la donatrice, la Reine Blanche elle-même, est figurée dans un des compartiments accompagnée de Saint Louis et de Marguerite de Provence. On remarque aussi dans cette église le baptistère, cuve octogonale, ornée d'arcs en plein cintre soutenus par des chapiteaux du XIIIe siècle. Mais la véritable merveille de Moulineaux, c'est son jubé en bois sculpté, d'une forme toute particulière et originale, et qui présente une double décoration très riche et diversifiée de style : d'un côté, offrant les fenestrages du gothique fleuri, et de l'autre, les médaillons et les arabesques de la Renaissance. »

Au-dessus de Moulineaux et de la Bouille, où vous passerez tout à l'heure, les collines qui se relèvent et atteignent une hauteur de cent vingt-quatre mètres, s'avancent au Nord et s'approchent du fleuve, le rejetant dans cette même direction; elles sont couvertes, au Sud, par la grande *forêt de la Londe* qui s'étend d'Elbeuf jusqu'aux environs de Bourgachard.

« Qui ne connaît Paris et *la Bouille* n'a rien vu ! » dit un vieux proverbe normand, menteur comme... un proverbe, je ne veux pas dire comme un Normand. Connaissez-vous l'étymologie du nom de ce village : « La Bouille »,— la bouillie,— la boue,— car on pataugeait ferme autrefois dans les ruelles de ce bourg, qui, du reste, a été bien assaini et où l'on a construit un grand nombre de charmantes et élégantes villas. —

Les Rouennais viennent en foule, le dimanche, à la Bouille, où les conduisent et d'où les ramènent les bateaux à vapeur qui, trois fois par jour, font ce trajet. On gravit la colline qui se dresse au Sud-Ouest du village, pour admirer une des plus belles vues que l'on puisse imaginer : le fleuve est magnifique, on le voit décrire son grand circuit, tantôt courant large et irrégulier au milieu de la vallée, coupé de longues îles toutes chargées d'arbres fruitiers, tantôt plus étroit, serré à la base de la colline hardiment taillée qui borde en aval sa rive gauche; sur ses bords, couverts de belles prairies coupées de bosquets d'arbres, les gros villages, les petits hameaux, les nombreuses maisons de plaisance, chalets suisses, villas italiennes, châtelets prétentieux et châteaux magnifiques, forment deux grandes lignes continues très belles, très pittoresques; au fond, au-dessus des pentes douces qui, au Nord, à quatre kilomètres du fleuve, se relèvent jusqu'à cent dix mètres de hauteur, l'on aperçoit toujours les limites de la forêt de Roumare.

Vous laissez à votre droite *Sahurs*, son église romane et son beau château, tandis que, sur la rive gauche, au delà de *Caumont*, dont les fruits savoureux s'expédient au loin dans les pays du Nord, les hautes falaises, presque perpendiculaires, sont couronnées par la *forêt de Mauny*. Les grandes carrières où l'on exploite des pierres de première qualité, grandes entailles aux parois coupées à pic, donnent au paysage un aspect bizarre, presque fantastique. Vous entrevoyez un instant le château qui appartient au général G. Hubert de Castex, puis voici deux profonds ravins creusés dans la haute colline au-dessus de laquelle est bâti *Mauny*. A votre droite, la vallée, très large, est couverte de gras pâturages et de hameaux jusqu'à la limite de la forêt; voilà *Saint-Pierre de Manneville*, dont l'église Renaissance renferme quelques débris de verrières du XVIe siècle; voici encore le joli *château de la Rivière-Bourdet*, puis, tout auprès de la forêt, *Quevillon*, puis encore, tout en haut de la colline, *le Genetay*, ancienne maison de Templiers, et enfin, au-dessous du beau bois de sapin qui fait partie de la forêt de Roumare, *Saint-Martin-de-Boscherville* et les hauts clochers de la magnifique église de l'ancienne *Abbaye de Saint-Georges.*

La Société Française d'Archéologie a fait placer sur le portail de cette église une inscription rappelant à tous les visiteurs qu'elle a été construite, entre 1050 et 1066, aux frais de Raoul, Seigneur de Tancarville, grand-chambellan de Guillaume le Conquérant. Elle était d'abord desservie par un collège de chanoines que le fondateur de l'église avait richechement doté; en 1114, Guillaume de Tancarville transforma la Collégiale en Abbaye. — Ce beau et ancien monument nous a été conservé dans toute sa pureté primitive; il est un magnifique exemple du grand style romano-normand, dont vous devrez évoquer le souvenir pour les comparer, lorsque plus tard, à Caen, vous visiterez les églises de l'Abbaye-aux-Hommes et de la Sainte-Trinité construites, presque à la même époque, par Guillaume le Bâtard et sa femme la Duchesse Mahaud. — Le plan de l'église Saint-Georges-de-Boscherville est une croix latine composée d'une nef accompagnée de bas-côtés qui se prolongent jusqu'à la partie supérieure du chœur formant, au chevet, trois absides demi-circulaires, et d'un transept muni, au fond de chacun de ses croisillons, d'une tribune portée sur deux arcades cintrées qui posent sur un pilier massif. — La façade Ouest est divisée dans toute sa hauteur en trois parties, par de hautes tourelles qui accusent la séparation de la nef et des bas-côtés; sur la croisée s'élève une grosse tour carrée formant lanterne.

La façade, remarquable par sa régularité et son harmonie, est fort belle : sous son haut pignon, vous voyez deux rangs superposés de fenêtres plein cintre, entourées d'arcatures, remplissant tout l'espace compris entre les deux tourelles, et un magnifique portail roman dont les quatre rangs de claveaux sont décorés de dents de scie, de zigzags, et portés par des colonnettes à chapiteaux historiés. — Les deux hautes tourelles, très élancées, nues jusqu'à la hauteur du pignon de la nef, sont, dans leur partie supérieure, percées de baies ogivales et couvertes de flèches octogones en pierre flanquées de clochetons; aux deux côtés, les murs qui ferment les extrémités des étroits collatéraux sont décorés d'arcades du même style que celles qui ornent la partie centrale de la façade. — Au-dessus des murs latéraux règne une corniche saillante ornée de modillons bizarres qui figurent des têtes grimaçantes d'hommes et d'animaux. — M. Viollet-le-Duc a fort bien décrit la tour carrée de cette Abbatiale; il dit : « Le clocher de l'église de Saint-Georges de Boscherville..., dont la largeur hors œuvre est de onze mètres, ne possède qu'un étage supérieur destiné aux cloches, ayant quatre mètres de hauteur. Le reste de la tour, en contre-bas, forme lanterne au centre de la croisée. Sur l'étage du beffroi s'élève une flèche de charpente ayant vingt-sept mètres de hauteur passant du carré à l'octogone au moyen de coyaux sur les diagonales. Chacune des faces de l'étage du beffroi est percée de trois baies cintrées divisées par une colonnette. Ce clocher, ayant, comme œuvre de charpenterie, une grande importance, doit être classé parmi les flèches. »

La nef est divisée en huit travées par des piliers carrés, massifs, ornés de colonnettes avec chapiteaux décorés de sculptures naïves qui représentent des têtes, des griffons, des entrelacs; elle était d'abord recouverte en charpente, et les voûtes à nervures que vous voyez n'ont été construites qu'au XIIIe siècle.

Vous remarquerez dans cette église des curieuses piscines du XIIIe siècle, une très belle verrière du XVIe, et une curieuse pierre tombale en marbre noir, gravée sur toute sa surface, où est représenté, sous un dais gothique, revêtu de ses habits de cérémonie, sa tête mîtrée reposant sur un coussin, l'Abbé Antoine Le Roux, mort dans le cours du XVIe siècle.

Des anciennes constructions de l'abbaye il ne reste qu'une magnifique salle capitulaire, construite à la fin du XIIe siècle, par Victor, qui fut Abbé en 1157 et mourut en 1211. Cette salle est remarquable par les hautes proportions de son vaisseau et par ses belles ouvertures en lancette. Sous les fenêtres, du côté de la façade principale, règnent trois arcades cintrées appuyées sur des piliers carrés garnis de colonnettes avec chapiteaux bizarrement sculptés sur lesquels on voit encore des traces des peintures qui les décoraient. Six statues s'appuyaient sur les piliers des arcades; il n'en reste que trois.

Les falaises de la rive gauche s'abaissent et vont bientôt donner passage au fleuve qui, décrivant un nouveau circuit, prendra son cours normal vers l'Ouest; vous apercevez *Bardouville*, *Ambourville* et son vieux château délabré qui date du XIIIe siècle. — En face, sur la haute colline qui se rapproche de la Seine, vous voyez le *château du Belley* et *Hénouville*.

Le fleuve vient buter, formant une anse assez large, les falaises de sa rive droite et est subitement rejeté à gauche, traçant, en face du *hameau de la Fontaine*, un angle presque droit. Remarquez une charmante maison, la *villa de la Fontaine*, frileusement nichée au pied de la colline :

elle appartient à M. Darcel, de Rouen, qui est aussi propriétaire de cet original château de la Cheminée-Tournante que vous allez, tout à l'heure, voir tout au bord de la Seine, sur sa rive gauche.

Voici, devant vous, à trois kilomètres, à l'entrée de la charmante et plantureuse vallée de *Sainte-Austreberte* qui produit tant et de si beaux fruits recherchés des fins gourmets, la petite ville de *Duclair* d'où nous viennent aussi ces excellents canards qu'on nous vend, aux halles de Paris, sous le nom de canetons de Rouen. — Les blanches et coquettes maisons de Duclair, alignées le long de son quai, au bord de la Seine, lui donnent un faux air de plage; déjà vous en approchez, passant au-dessous de roches étranges et grandioses bizarrement découpées : une d'elles qui forme un ressaut accentué, est désignée sous le nom de « *chaire de Gargantua* ». — Vous voyez le fleuve, décrivant un nouveau circuit, s'infléchir à gauche poussé par les collines que recouvrent la forêt du Trait; un train passe à leur base, venant de Barentin par la sinueuse vallée de Sainte-Austreberte et courant, à l'Ouest, vers Caudebec. — La vallée, très large sur la rive gauche, est revêtue d'un vert manteau de frais et gras pâturages au-dessus desquels s'élève gracieusement une colline arrondie, couverte de villages et de hameaux : *Berville-sur-Seine, les Rives, Anneville.*

Vous voici devant le long quai d'amarrage de Duclair. Il y avait autrefois ici, avant les invasions normandes, une riche abbaye de moines Bénédictins, dont il n'est resté aucune trace; mais Duclair a conservé un monument fort intéressant : sa belle église, où vous verrez des échantillons de toutes les époques et de tous les styles. Le clocher adossé au chœur, surmonté d'une flèche en charpente, est roman; le chœur, à chevet droit, date du XIVe siècle; le portail est du style la Renaissance. Parmi les matériaux qui ont servi à la construction de cette église, on remarque deux vieilles colonnes de marbre de couleurs différentes qui proviennent, sans aucun doute, d'un ancien monument gallo-romain; on y voit aussi de belles statues du XIIIe siècle, entre autres une très remarquable Vierge et des pierres tombales intéressantes de la même époque.

Après Duclair la Seine, dépassant le *château du Taillis* planté à l'entrée d'une gorge étroite coupée dans la falaise de la rive droite et dans laquelle s'enfoncent la route et la voie ferrée, coule dans la direction du Sud, longeant de près la base du soulèvement rocheux qui porte la forêt de Jumièges; en face, à gauche, des grandes prairies, des riches campagnes s'élèvent lentement et progressivement jusqu'au versant occidental de la forêt de Mauny qui, à une distance de quatre ou cinq kilomètres, vous montre ses masses d'un vert sombre; vous dépassez le *château de la Cheminée-Tournante*, et, bientôt, vous apercevez, à votre droite, dans la vallée, un peu au-dessus d'un nouveau coude de la rivière, les basses maisonnettes et l'église de *Mesnil-sous-Jumièges*, où vint passer les dernières années de sa vie la *Dame de Beauté*, la belle et puissante maîtresse de Charles VII, Agnès Soreau, Comtesse de Penthièvre, Dame de Roquecesière, d'Issoudun et de Vernon-sur-Seine; coin plein de fleurs, vrai bouquet tout frais, tout odorant, roses et chèvrefeuilles, au dessus duquel, de l'autre côté de la presqu'île de Jumièges, les masses profondes et sombres de la forêt de Brotonne couvrent les hautes collines. On montre à Mesnil-sous-Jumièges une vieille ferme et une grange que l'on appelle « le manoir d'Agnès ».

En face : *Yville-sur-Seine*, dont vous voyez le beau clocher du XIIe siècle; puis une nouvelle courbe du fleuve, bien arrondie, bien bordée à gauche de collines très découpées, très pittoresques; puis encore *le Landin*, village perché au sommet de la montagne. — Sur l'autre rive, auprès du fleuve, dans la vallée toute plate, un très petit hameau : *Conihout-de-Jumièges*. La Seine prend ici la direction générale du Nord, qu'elle suivra jusqu'auprès de Caudebec, divaguant à droite et à gauche dans la vallée, large de trois kilomètres, longeant successivement les versants opposés des deux lignes de collines qui la limitent à l'Est et à l'Ouest.

Sur la rive gauche, couvrant tout le haut plateau qu'enserre le grand contour formé par la Seine depuis le Landin jusqu'à Aizier, la vieille *forêt domaniale de Brotonne*, percée de belles allées, bien peuplée de fauves, vous montre ses hautes futaies, ses hêtres magnifiques : on en cite un, le *hêtre de la Houssaie*, qui a plus de cinq mètres de tour ; vous y verrez aussi, si de Caudebec vous y faites une ravissante promenade, un chêne extraordinaire, le *chêne-cuve*, qui doit végéter là depuis plus de cinq siècles. — L'*Arenalum silva*, dont parle Grégoire de Tours, servit, en 535, de refuge à Chlotacharius, Roi de Soissons, qui, impuissant à continuer la lutte contre ses frères, vint s'y cacher dans une des riches villas que ses ancêtres avaient fait construire. — Cette forêt a pris son nom actuel à la suite de la donation qui en fut faite à Saint Condé, breton de naissance. On l'appela alors *silva Britonis;* de là à Brotonne il n'y a pas loin. Vous avez admiré, au musée de Rouen, la magnifique mosaïque découverte, en 1838, par M. Charlier dans cette forêt où l'on a aussi trouvé des traces de substructions de plusieurs villas gallo-romaines.

Vous avez souvent vu les photographies, les eaux-fortes, les dessins qui représentent les célèbres et classiques ruines de l'*Abbaye de Jumièges* : lorsque vous les apercevez à

7

travers les feuillages qui les entourent, les grands pans de murs éventrés, les hautes tours de la basilique de Notre-Dame sont vraiment très pittoresques.

La riche et puissante Abbaye qui possédait jadis une grande partie des deux rives de la Basse-Seine, avait été fondée au VIIe siècle et avait immédiatement acquis une grande influence : elle comptait déjà neuf cents moines sous son second Abbé. — C'est à Jumièges que les barbares normands, en 840, opérèrent leur premier débarquement sur cette terre à laquelle ils devaient bientôt donner leur nom; ils pillèrent, détruisirent de fond en comble l'Abbaye qui fut reconstruite seulement, au commencement du Xe siècle, par le Duc Normand Guillaume Longue Épée. — Depuis cette époque l'Abbaye jusqu'au milieu du XVIe siècle, eut toutes les grandeurs; elle fut comblée de biens et d'honneurs : les princes, les rois y venaient de toutes les parties de l'Europe et tous la dotaient richement; mais les mauvais jours vinrent alors : « C'est d'abord, — dit M. Robert d'Estaintot, — un abbé, un évêque d'Evreux, Gabriel Le Veneur qui, sous prétexte de consolidation, obtient la destruction de la magnifique flèche en plomb qui décorait la tour centrale. Trois ans après, ce sont les Calvinistes qui envahissent le monastère, le profanent et le pillent. Deux siècles plus tard la Révolution voue à la solitude le cloître abandonné par ses pieux cénobites; les richesses de l'abbaye sont dispersées et vendues, et l'on n'en sauva quelques épaves qu'en les consacrant, au commencement de ce siècle, à l'usage des églises. »

La vieille Abbaye, son enceinte, ce qui reste de ses anciens bâtiments, ses ruines, sont aujourd'hui le château de l'Abbatiale et appartiennent à Mme Eric Lepel-Cointel qui autorise les touristes à les visiter. — Entrez dans le parc, vous y verrez les ruines des deux églises qui s'élevaient côte à côte : de l'une, l'église Saint-Pierre, construite, en 930, par le Duc Guillaume Longue Epée, il ne reste que peu de chose : un mur avec arcatures romanes et médaillons ; l'autre, l'Abbatiale, nous montre encore, dans ses restes imposants, son plan général et le style de ses diverses parties. Les deux hautes tours carrées de son portail, dont les deux étages supérieurs sont octogones, subsistent intactes, dépouillées cependant des hautes flèches en charpente qui les couvraient.

La nef, du XIe siècle, n'a plus ses voûtes : elles se sont effondrées, mais un des bas-côtés a résisté aux atteintes des hommes et du temps. La magnifique arcature en plein cintre qui séparait la nef des transepts et portait la haute tour de la croisée, formant lanterne, soutient encore un large pan de cette tour qui reste là, isolé et sans soutien. Le chœur, presque entièrement détruit, nous montre cependant quelques-unes de ses arcatures ogivales et trilobées.

Le sol est partout couvert de débris intéressants, fûts de colonnes, socles, chapiteaux, pierres sculptées, tronçons de statues groupés pittoresquement sur le gazon.

Les propriétaires du château habitent les anciens communs de l'Abbaye qui renferment de très belles salles gothiques ; ils y ont réunis un grand nombre de pièces très bien choisies, qui composent une collection fort curieuse à étudier. — La belle salle capitulaire, la salle des Gardes, une grande chapelle qui s'ouvrait sur l'église Saint-Pierre, les murs d'enceinte munis de contre-forts, la maison des hôtes, construction du XIIIe siècle qui se trouvait en dehors de l'Abbaye, en face de son entrée, sont aussi très intéressants et dignes d'être vus ; je ne puis vous les décrire ici, il faudrait leur consacrer tout un long chapitre. Le village, groupé autour de l'abbaye, est calme, silencieux, peu fréquenté ;

l'église paroissiale, monument modeste des XIe et XIIe siècles, n'offre aucun intérêt particulier.

Les ruines de Jumièges sont dignes de toute votre attention ; si vous m'en croyez, si vous en avez le loisir, vous descendrez ici du bateau, et, après avoir été à l'Abbatiale, vous chercherez une carriole qui vous conduira à Caudebec où vous coucherez. Vous emploierez votre matinée du lendemain, jusqu'à l'heure du passage du bateau, à faire une rapide et charmante excursion à Saint-Wandrille et à Sainte-Gertrude.

Après avoir fait escale en face du petit hameau de *Port-Jumièges* qui étale sur la rive gauche ses quelques maisons, le bateau reprend sa route, continuant à descendre le cours de la Seine. Le fleuve s'éloigne des collines, coupe diagonalement la vallée, passe entre la *chapelle du Bout-du-Vent* et *Yainville*, où la route de Rouen et la ligne de fer rejoignent les rives de la Seine longeant l'une et l'autre, à mi-côte, les collines du Trait, puis dépasse *Heurtauville*, dont les maisons bordent le fleuve, qui s'élargit ; ses rives deviennent irrégulières; il s'infléchit à l'Ouest coupant de nouveau les alluvions et se dirigeant droit sur *Guerbaville-la-Mailleraye*. Sur la colline à gauche, vous voyez un gros bourg : *Cavaumont ;* à droite, un petit hameau caché dans les peupliers : *le Clos-Saint-Jouin ;* vous arrivez à *la Mailleraye*. Déjà vous voyez les grands taillis en mur du splendide parc qui entoure le magnifique domaine des Mortemart de Rochechouart. Il ne reste rien du château où Louis XIV connut et aima la douce et boîteuse de la Vallière, singulier et rare type de favorite naïve. — La chapelle a été épargnée : elle possède de belles verrières et un remarquable Christ en ivoire. Le parc, qui a conservé sa belle terrasse couronnée d'une charmante balustrade en pierre de l'époque de Louis XIII, est morcelé et des Parisiens connus, l'éditeur Marpon, le peintre Caillebotte, des hommes de lettres en vue, entre autres, je crois, Guy de Maupassant, se sont installés à la Mailleraye, où la chasse et la pêche sont en grand honneur. — Voilà, sur la même rive, *Notre-Dame-de-Bliquetuit,* son château et sa charmante église du XIIIe siècle qui porte la trace des remaniements qu'elle a subis au XVIe siècle, puis *Saint-Nicolas-de-Bliquetuit.*

Les falaises que longe maintenant la rive droite de la Seine sont coupées de trois belles vallées : la première, celle où coule le *ruisseau de Brebec*, est largement ouverte ; à l'entrée, le hameau de *Caudebecquet* nous montre ses quelques maisons groupées au pied de la colline derrière laquelle se cachent Saint-Wandrille et son ancienne Abbaye ; puis, au débouché de la seconde vallée profondément encaissée où la *rivière de Caux* trace son cours sinueux au travers des *forêts de Saint-Arnoult* et *de Maulévrier*, voici la petite ville de Caudebec ; plus loin encore, avant Villequier, un troisième vallon, beaucoup plus étroit, plus court, ravine la colline dans la direction du village de *Saint-Arnoult*, dont vous apercevez, sur le plateau les blanches maisons rangées le long de la route de Caudebec à Lillebonne.

Depuis la Mailleraye jusqu'à l'embouchure de la Risle, la Seine est maintenant enserrée, sur ses deux rives, par des digues qui lui laissent une largeur variant entre trois et cinq cents mètres : leur construction a eu pour but et pour effet de régulariser le cours du fleuve, de supprimer les bancs de sable qui souvent l'obstruaient, et de permettre à des navires d'un tonnage plus fort de remonter jusqu'à Rouen.

Autrefois, avant que la Seine ne fût endiguée, le *Mascaret* avait son maximum de puissance auprès de Quillebeuf, mais maintenant le flot, courant entre les digues qui serre fleuve, remonte avec toute sa force, toute sa puissance, jusqu'à Caudebec et c'est là qu'accourent, au printemps et à l'automne, à l'époque des équinoxes, les touristes curieux de voir cet imposant phénomène qui est décrit très complètement, très exactement dans les lignes suivantes :

« La mer s'étant retirée, les eaux de la Seine coulent seules entre deux larges estuaires de sable et de limon : tout-à-coup l'on entend au loin un léger murmure analogue à celui que produit une charrette sur une route inégale.

Le bruit augmente : c'est un sourd roulement.

On aperçoit sur le fleuve, au loin, une ligne blanche qui s'avance avec rapidité; le bruit croît d'une façon comparable au bruyant ronflement d'un train de chemin de fer qui arrive vers les spectateurs; il devient assourdissant et il est impossible de se faire entendre.

Une muraille d'eau verticale barre le fleuve; sa hauteur semble atteindre un mètre cinquante centimètres ou deux mètres, sa crète est écumeuse; elle passe comme un tourbillon, couvrant les berges et envoyant au loin une poussière humide. Instantanément le niveau de l'eau s'est élevé de plus de deux mètres. Immédiatement, derrière le premier flot, trois ou quatre énormes vagues se succèdent, semblent se poursuivre, donnant, parfois, lorsque le vent est contraire le magnifique spectacle connu sous le nom de « Chevaux de Neptune »; ces vagues, en effet, sont couvertes d'une blanche crinière produite par l'écume emportée par le vent.

Lorsque le flot est passé, des eaux grises et boueuses arrivent en tourbillonnant ; le lit du fleuve est comblé et souvent l'eau déborde sur les campagnes environnantes. Au loin, alors, on voit apparaitre des bateaux ou des navires auxquels le courant fait remonter le fleuve sans efforts et qui se dirigent vers Rouen. »

Le petit port de *Caudebec*, situé au sommet de la courbe du troisième grand méandre décrit par la Seine depuis Rouen, vous montre les maisons à plusieurs étages et les hôtels qui bordent son quai, toujours très animé, et le clocher de sa magnifique église, fort élégant, fort élevé, qui domine les deux rives du grand fleuve. Le mont Calidu qui s'élève dans le voisinage de Caudebec, est peut être la colline qui portait autrefois la capitale de la vieille tribu celtique des Calètes, et le nom de Caudebec dérive bien probablement de l'expression latine: *Caletensium beccus*,— le ruisseau des Calètes,— la rivière de Caux. Ce petit cours d'eau divisé en deux branches, l'Ambion et la Sainte-Gertrude traverse le bourg, tantôt à ciel ouvert, tantôt voûté, et alimente ses nombreuses tanneries. Les rues sont étroites et tortueuses; on y voit encore, mêlées aux blanches constructions modernes recouvertes de toits presque plats, quelques antiques demeures, vieilles de quatre à cinq siècles, étroites et hautes maisons sombres, à pignons aigus, à toitures élancées.

Dans ce bourg modeste vous verrez une des belles églises de la Normandie, construite dans le cours des XVe et XVIe siècles, à une époque où la Renaissance venait de naître; aussi vous y trouverez un bizarre mélange des deux styles, et, si la beauté, la richesse de son ornementation, la perfection de ses détails, exigent, forcent l'admiration, l'ensemble de son plan, de ses lignes architecturales, laissent le spectateur hésitant et froid.

Etudiez donc isolément, les séparant les unes des autres, les diverses parties de l'édifice: voyez ce haut portail, qui vous rappellera, par ses dispositions générales, par sa forme pyramidale, celui de Saint-Maclou de Rouen, il lui est cependant bien inférieur en beauté; examinez ces quatre piliers massifs qui accusent nettement les divisions intérieures de l'édifice, puissants contre-forts très ouvragés où s'amorcent les murs latéraux des bas-côtés et des deux parois de la nef; deux d'entre eux, aux extrémités, se terminent en clochetons aigus de forme gothique, les deux autres, au centre, sont surmontés de lanternons de style renaissance. La charmante galerie qui se développe au dessous de la grande rosace centrale, est aussi tout entière de la Renaissance, remarquez les Hippocampes affrontés qui forment sa balustrade et les Termes qui supportent l'entablement. Au dessus de la flamboyante rosace, une autre galerie, semblable à celle qui contourne toute l'église, se découpe en lettres gothiques : on l'appelait autrefois « *la Galerie aux lettres dorées* »; elles forment une longue invocation à la Vierge.

La merveille de Sainte-Marie-de-Caudebec est, sans conteste, son admirable tour carrée couronnée d'une pyramide en pierre à huit pans, peu aiguë, tout ajourée, ornée de trois couronnes fleuries, véritable tiare pontificale qui recouvre un long pavillon octogone admirablement percé de grandes baies ogivales à frontons élancés; il est entouré de huit contre-forts détachés qui projettent, vers chaque angle de l'octogone, de doubles arcs-boutants chargés d'arcatures. Au-dessous de ce pavillon la tour carrée forme deux étages décorés de grandes baies ogivales très ornées : cette partie de l'édifice qui s'élève tout entière au-dessus de la corniche de la nef, est couverte d'une ornementation qui, d'abord assez simple, se développe progressivement et devient bientôt exubérante; la partie inférieure, au contraire, présente des murs presque nus le long desquels montent, partant de sa base, de minces contre-forts à ressauts peu accentués. — Cette tour, placée en dehors de la ligne des chapelles et accolée au collatéral Sud, est à peu près isolée ; une élégante tourelle qui renferme l'escalier, monte à l'angle Nord-Est de la grande tour jusqu'à la naissance de la pyramide terminale.

J'extrais de l'excellente description qu'a faite de cette église M. l'abbé Cochet les lignes suivantes : « Le vaisseau de l'église, composé de vingt arcades et d'autant de fenêtres à compartiments, présente, au premier coup d'œil, une pureté et une régularité parfaites. Dix-neuf colonnes rondes, à chapiteaux de feuilles de vigne, soutiennent de grandes ogives décorées de tores; au-dessus de ces colonnes jaillissent des colonnettes rondes qui s'élancent jusqu'aux voûtes pour en recevoir les nervures prismatiques. Ces colonnettes sont soutenues par autant de cariatides, ou personnages accroupis, fort curieuses : peut-être y reconnaîtrait-on les différentes corporations qui peuplaient la ville au XVe siècle, et qui contribuèrent à l'érection de l'église. »

Je vous signalerai encore, à Sainte-Marie de Caudebec, quelques clefs de voûte et les beaux vitraux peints dans le style du XVIe siècle qui ornent les deux ouvertures pratiquées au-dessus des portes latérales du grand portail et les fenêtres de quelques-unes des chapelles; voici les plus remarquables : *Passage de la mer Rouge*, 1534, restauré, dans la chapelle de Saint-Guillaume; — *la Cène*, à la partie supérieure, et, dans la partie inférieure, *la Procession de Consécration de l'Eglise*, audessus de la porte du collatéral Sud; — *l'Adoration des Mages*, au-dessus de la porte Nord; — un *Arbre de Jessé*, dans la chapelle Saint-Gilles; — des *Scènes de la vie de Saint Jean-Baptiste*, dans la chapelle Saint-Simon et Saint-Jude, — et, dans la chapelle Saint-François, *la Samaritaine* et *la Femme adultère*, qui occupent les deux compartiments d'un même vitrail.

Si vous avez, comme je vous le conseillais tout à l'heure, passé la nuit à Caudebec, partez de bon matin pour *Saint-Wandrille*. La route passe entre la colline et la voie ferrée, le long de la Seine; vous traverserez bientôt le ruisseau de Brebec, passerez à *Caudebecquet* où l'on vous montrera une grotte qui, au XIe siècle, était l'ermitage habité par Saint Milon, et vous vous engagerez, à droite, dans le petit vallon où serpente en chantant le *ruisseau de Fontenelle*. La vallée, très étroite, est fort encaissée; les coteaux sont bien boisés; à droite, à gauche, le village, et ce magnifique cloître que nous avons tous déjà vu servant de décor au fantastique ballet de *Robert-le-Diable*. — Il a été construit aux XIVe et XVe siècles; ses grandes arcades ogivales portées sur des piliers massifs recouverts par les nervures des voûtes qui partent d'un seul jet du soubassement, les claires-voies flamboyantes de ses grandes baies séparées extérieurement par des contre-forts avec pinacles à crochets, tout cela est fort beau. Ce cloître communique avec l'église par une porte qui forme une ogive très pure et très élégante, avec voussures décorées de statues. Tout auprès vous remarquerez une vieille pierre tombale et une très jolie Vierge traitée dans cette manière gracieuse, mais un peu contournée, qu'aimaient tant les sculpteurs du XVe siècle. Il faut faire le tour du cloître, observer les puissants effets de lumière qui s'y produisent, les grandes ombres qui donnent aux parties peu éclairées un aspect si étrange, vraiment fantastique; vous vous arrêterez devant une fort belle porte double, très ornée, qui sert d'entrée au réfectoire, et auprès de laquelle, sous l'arcade de droite, vous verrez un magnifique lavabo, construit au commencement du XVIe siècle par Jacques Hommet, dernier Abbé régulier de Saint-Wandrille, mort en 1522. C'est une œuvre de la Renaissance dans ses premières années, alors qu'elle était encore tout imbue des traditions de l'art gothique. Sous la grande arcade surbaissée, presque plate, aux voussures dentelées, serrée dans une accolade garnie de feuilles de chardons et flanquée de deux clochetons aigus, le grand panneau du fond est couvert d'une décoration ravissante composée d'étroites ogives dont les compartiments sont décorés de fines arabesques. A la partie inférieure s'étend la grande cuvette du lavabo, en forme d'auge, munie de ses six robinets. Un détail curieux : voyez cette grotesque tête d'ivrogne, à moitié cachée sous un capuchon à oreilles d'âne, qui apparaît bizarrement au-dessus de l'arcade, dans le triangle formé par l'accolade; satire cruelle sculptée dans la pierre par l'artiste gouailleur et que sut accepter l'esprit tolérant des moines, un peu sceptiques, de la Renaissance. — Pénétrez dans le réfectoire, grande et haute salle voûtée où l'on menait bonne vie : elle est éclairée par huit magnifiques fenêtres du style flamboyant; sa partie inférieure date du XIIe siècle, quant à la partie supérieure, c'est une reconstruction faite au XVe siècle.

Les ruines de l'église sont assez intéressantes ; vous y verrez quelques traces des chapelles, du chœur, des piscines et le croisillon septentrional du transept qui datent du XIIIe siècle.

Auprès de Saint-Wandrille, sur une colline boisée, il vous faut aller voir la petite chapelle de Saint-Saturnin construite, dans le style romano-byzantin, par l'Abbé Gérard au commencement du XIe siècle, très intéressante, malgré ses petites dimensions, par son plan en forme de croix latine et par son appareil de moëllons disposés en écaille de poisson.— L'église paroissiale du village, ancienne église Saint-Michel, possède de nombreux débris, reliquaires, statues, croix en pierre, baptistère, qui proviennent du monastère.

Je n'ai pas pu vous dire, le temps et l'espace me manquent, l'histoire de Caudebec si fertile en faits intéressants ; je ne puis non plus ici vous raconter les fastes de la célèbre Abbaye de Fontenelle, dont vous venez de voir les précieux restes; mais quand vous suivrez la rive de la Seine, retournant à Caudebec, vous devrez revoir en imagination cette grande île de Belcinac qui jadis, il y a bien des siècles, existait en face de Caudebec, où les Druides avaient possédé un de leurs mystérieux collèges et où, à la fin du VIIe siècle, saint Condède fonda un monastère rival de Saint-Wandrille; là s'élevèrent alors de magnifiques bâtiments claustraux et trois splendides églises; mais la barre, le mascaret, unissant ses efforts toujours répétés au travail lent et continu du courant, rongeait peu à peu les berges de l'île qui, au XVIe siècle, fut engloutie dans les flots avec les magnifiques édifices qu'elle portait.

Vous traverserez Caudebec et vous vous engagerez dans la ravissante vallée de Caux; vous laisserez bientôt, à votre droite, la grand'route d'Yvetot et continuerez à longer le versant méridional du vallon qui, s'enfonçant entre les forêts de Maulevrier et de Saint-Arnoult, tourne brusquement à gauche. A un kilomètre devant vous, vous apercevez le hameau de *Sainte-Gertrude* où quelques basses et pauvres maisonnettes se groupent autour d'une magnifique église du XVIe siècle, monument très pur du style Renaissance.

« Cette église, — dit Mlle A. Bosquet, — dont le plan très simple mais régulier ne laisse point de prise à la critique, possède une abside polygonale, des transepts peu étendus indiquant seulement la forme de la croix, et un clocher surmonté d'une flèche en ardoise qui s'élève au centre de l'édifice. A l'intérieur, on remarque le pendentif du chœur, les piscines finement travaillées qui accompagnent les autels, et surtout un meuble extrêmement riche, élégant et rare; nous voulons parler de cette armoire ou tabernacle en pierre que l'on a vu gisant tout brisé sur les dalles de l'église et qui fut recueilli pièce à pièce par le patient iconographe de Caudebec, M. Le Sage. Ce bijou de la sculpture gothique, brodé de ravissants fenestrages, a la forme d'une sorte de tourelle exagonale de moins de deux mètres de haut, qui s'élargit et se développe à sa partie inférieure. C'est un genre de custode dont on rencontre aujourd'hui peu d'analogue : placée à l'un des côtés du maître-autel, celle-ci servait à déposer les vases sacrés. »

M. l'abbé Cochet a signalé un détail très intéressant pour les archéologues : « Dans la nef de Sainte-Gertrude,— dit-il,— j'ai remarqué une chose que je n'ai rencontrée nulle part dans le diocèse de Rouen : c'est la place de la chaire, marquée lors de la construction même de l'édifice, par un socle très saillant, orné de feuillages, et placé au côté de l'épître. »

Lorsque vous serez remonté sur le bateau à vapeur, le *vapeur* comme l'on dit ici, pour continuer, sans nouvelle étape, votre route jusqu'au Havre, vous remarquerez, à l'extrémité occidentale de Caudebec, une petite chapelle qui porte un nom singulier, *Barre-y-Va* : elle est un but de pélerinage pour les marins et ses murs sont couverts d'ex-voto. Vous longez les collines qui bordent la rive droite du fleuve, au-dessus desquelles vous avez vu Saint-Arnoult.

La Seine tourne brusquement à gauche : voici *Villequier* dont le nom nous rappelle les terribles naufrages occasionnés par le mascaret à ce *tournant* du fleuve :

« ...... O mes douloureux et sombres bien-aimés !
Dormez le chaste hymen du sépulcre ! dormez !
Dormez au bruit du flot qui gronde,
Tandis que l'homme souffre, et que le vent lointain
Chasse les noirs vivants à travers le destin,
Et les marins à travers l'onde !

« O chers êtres absents, on ne vous verra plus
Marcher au vert penchant des coteaux chevelus
Disant tout bas de douces choses !
Dans le mois des chansons, des nids et des lilas,
Vous n'irez plus semant des sourires, hélas !
Vous n'irez plus cueillant des roses ! »

a pleuré le grand poëte qui, en 1852, dans son douloureux exil à Jersey, se ressouvenait du terrible malheur qui l'avait frappé en 1843. C'est au milieu de ce beau paysage inondé de lumière, baigné par les flots azurés, entre ces ravissantes collines, ces grands prés tout verts, que, dans une promenade sur l'eau, Charles Vacquerie et Léopoldine Hugo périrent si malheureusement; ils sont enterrés dans le cimetière de Villequier. « Nous y avons réuni, — dit Alphonse Karr, — dans un seul cercueil Léopoldine et Vacquerie, qui est mort volontairement dans ce gouffre d'où, après de terribles efforts, il vit qu'il ne pourrait tirer sa jeune femme, et d'où il ne voulut pas sortir seul. »

Le village de Villequier s'étale en amphithéâtre sur la colline. En haut se détache dans la verdure le château presque moderne, grande construction, pierre et brique, du temps de Louis XV, qui appartient à un aimable diplomate, le Baron J. d'Acher de Montgascon. Vous voyez aussi la tour carrée de l'église du village terminée par une balustrade et percée de fenêtres ogivales garnies de claires-voies du style flamboyant.

Sur la rive gauche, derrière les grands prés, au pied des coteaux boisés, voici le village de *Vatteville* et tous les hameaux qui en dépendent : la Rue, le Bois, la Vallée, la Neuville. Vatteville, suivant M. l'abbé Cochet, est bâti sur l'emplacement d'une des villas que possédaient les rois francs dans la forêt de Brotonne, et qui est citée par Frédégaire, le continuateur de Grégoire de Tours, sous le nom d'*Arelao-Villa*.— Vatteville nous montre la grosse tour de son église de la Renaissance.

La vallée s'élargit, la Seine y trace encore une grande diagonale, longue ligne droite allant buter, à six kilomètres plus loin, sur la colline formant le versant Nord-Ouest de cette vieille forêt de Brotonne qui vient tremper les racines de ses grands arbres jusque dans le lit du fleuve. Les montagnes qui bordent la rive droite s'éloignent, séparées de la digue par des grands herbages semés de marécages. Voici, de ce côté, le beau clocher percé d'ogives flamboyantes et couronné d'une balustrade, de l'église de *Norville*, village qui s'étage sur les pentes inférieures de la colline; puis le *château d'Etelan*, bijou de la Renaissance qui mériterait une visite et une description; un peu plus loin, le village de *Saint-Maurice-d'Etelan* marque l'extrémité de la pointe formée par les collines de la rive droite,

Mais vous allez rejoindre, sur l'autre rive, la forêt de Brotonne et vous remarquerez, en passant, les longues et toutes droites avenues dont elle est percée. Déjà vous apercevez Quillebeuf, planté à l'extrémité du promontoire peu élevé terminant, au Nord-Ouest, le soulèvement rocheux qui rejette encore une fois le fleuve vers le Nord, lui faisant décrire son dernier méandre. Au-delà, c'est l'estuaire, la large embouchure, qui a déjà un aspect tout maritime. Vous dépassez *Aizier*, vous apercevez l'abside circulaire et le clocher de son église romane, puis *Vieux-Port;* en face, à quatre kilomètres de la rive, au pied de la colline, *Petitville*; au-delà, au loin, vous voyez l'ouverture de la vallée de Lillebonne, d'où débouche la voie ferrée qui a traversé Bolbec et Lillebonne et aboutit, sur la rive droite du fleuve, à Port-Jérôme.

Vous arriverez bientôt à *Quillebeuf*, petite ville de 1 500 habitants, ancienne capitale du Roumois, où résidait autrefois un gouverneur et qui était un siège d'amirauté. Henri IV avait voulu faire de Quillebeuf un port important, un point d'observation de la Basse-Seine; il l'avait fortifiée et lui avait donné son nom : pendant quelques années elle fut la « *citadelle de Henricarville, port de mer de grande importance* »; mais cette factice splendeur dura peu de temps, Louis XIII démentela ses fortifications et elle redevint Quillebeuf comme devant.

Les Quillebois sont tous marins, tous pilotes ou pêcheurs; leurs femmes vendent aux bateliers qui passent des approvisionnements; les enfants sont mousses : tous vivent de la mer ou sur la mer. Cette petite localité a donc un aspect tout particulier qu'il faut noter au passage. — Le port, avant les travaux d'endiguement de la Basse-Seine, surtout avant l'invention de la vapeur, avait une importance, une utilité réelles : les navires à voile descendant la Seine étaient alors forcés d'y attendre l'heure de la marée et les vents favorables; parfois il les attendaient longtemps. Aujourd'hui les bateaux, partant de Caudebec ou même de Duclair, traînés par des remorqueurs, peuvent en une journée franchir la barre à marée haute et atteindre la haute mer. Quillebeuf est resté cependant un bon port de pêche et un quai d'amarrage utile.

L'église est un intéressant monument dont certaines parties remontent au XVIe siècle; elle est dédiée à Notre-Dame-de-Bon-Port. Dans le chœur on admire une très curieuse verrière, de l'époque de Henri IV, qui représente, avec les costumes du temps, fraise et manteau, chaperon blanc sur l'épaule, une procession des Confrères de la Charité.

A Quillebeuf où l'on vient aussi voir, aux équinoxes, le terrible conflit des eaux du fleuve et du grand flot qui vient de l'Océan, le spectacle est grandiose, terrifiant, surtout lorsque règnent les vents du Nord-Ouest où du Nord-Est.

Sur la rive opposée la bourgade moderne de *Port-Jérôme*, construite sur les terrains récemment conquis sur le fleuve, range, le long d'un quai d'amarrage, ses quelques maisons, ses magasins et sa gare; elle a accaparé l'ancien commerce fluvial de Lillebonne. Le chemin de fer de Beuzeville à Pont-Audemer qui est construit jusqu'à Port-Jérôme, doit, sur ce point, traverser le fleuve, soit sur un pont, soit plutôt en tunnel.

Mais déjà le bateau a dépassé Quillebeuf ; vous n'êtes plus en rivière, vous entrez dans l'immense *estuaire de la Seine* dont la longueur est de plus de vingt-cinq kilomètres sur une largeur de dix à douze mille mètres, véritable bras de mer admirablement encaissé, à droite par les hautes et belles falaises si bien découpées de Tancarville, de Sandouville et de Grasville, qui vont, au delà du Havre, au Nord-Ouest, plonger à pic dans la Manche au cap de la Hève, et, à gauche par la côte pittoresque qui, de Quillebeuf à Villerville décrit autour des grandes anses du Marais Vernier et de la Rivière-Saint-Sauveur des courbes gracieuses, souventes fois coupées de vallées fertiles et pittoresques d'où s'échappent de nombreuses rivières. Voici, à droite, le *cap du Hode;* qui vous cache l'admirable clocher de la haute tour de Harfleur,

> Que l'Anglais a batie et qu'il n'a su défendre ;

puis, la pointe basse *du Hoc;* plus loin, la forêt de mâts des navires qui remplissent les bassins de notre grand port de la Manche et enfin la ville du Havre ; voilà, à gauche, les pointes de la Roque et de Berville, avec les hautes colonnes de leurs phares, puis le port de Honfleur, grande tache blanche et grise sur le fond vert de la Côte-de-Grâce, et plus loin, au ras de l'eau, les roches déchiquetées de la pointe de Villerville.

De Quillebeuf à Tancarville le chenal décrit une courbe régulière, laissant à droite, caché dans un grand pli de la falaise, *Notre-Dame de Gravenchon*, gros village qui vous montre la flèche en pierre, construite au XVIIIe siècle, de son église; puis, à l'issue de la vallée où coule le Bolbec, la vieille ville de *Lillebonne*, l'antique *Juliobonna* des Romains qui, au temps des Césars, était la capitale du pays et le port le plus important de l'embouchure de la Seine. C'est au XIe siècle seulement que ce port fut abandonné, et que son commerce maritime se reporta à Harfleur; maintenant il est à quatre kilomètres du fleuve et les atterrissements de la Seine fixés, consolidés, sont couverts de pâturages. A l'époque romaine Lillebonne, point central où aboutissaient les grandes voies que les conquérants avaient tracées au Nord-Est des Gaules, était un centre important. La ville est placée au milieu d'un riant paysage, largement ouvert, parfaitement encadré par de belles collines boisées. Sur la place de l'Hôtel de Ville, auprès des ruines pittoresques de la forteresse du moyen-âge qu'avait construite Guillaume le Bâtard, non loin d'une très belle église de la Renaissance, on a découvert et mis à jour les ruines grandioses d'un vaste théâtre et d'un grand balnéaire romains, où l'on a retrouvé cette belle statue en marbre que vous avez admirée au musée de Rouen. Le sol, tout à l'entour, était rempli de débris intéressants; dans les fouilles que l'on y a pratiquées on a trouvé des statues, des mosaïques, des pierres tumulaires, des vases, des médailles romaines en grand nombre, des bijoux et des objets de toilette de l'époque impériale.

Sur la rive gauche du fleuve, dans le grand demi cercle que forme la côte depuis Quillebeuf jusqu'à la pointe de la Roque, voilà le *Marais Vernier*, qui a été successivement conquis sur la Seine, et qui est aujourd'hui complètement comblé par les atterrissements. C'est un magnifique champ de recherches pour les botanistes qui y trouvent beaucoup d'échantillons très rares; les chasseurs aussi aiment à le parcourir; ils y trouvent toujours un grand nombre d'oiseaux de mer de toutes sortes, mauves et margats, vanneaux et pluviers, alouettes et moineaux de mer, et aussi le tadorne, ce canard au brillant plumage qui fait son nid dans un terrier. Au fond du marais, à la base de la colline ou sur le plateau, vous voyez de nombreux villages; à droite, *Sainte-Opportune* et *Trouville-la-Haulle*, au centre, *Saint-Ouen* et *Bouquelon*; à gauche, *Marais Vernier*, qui étend ses maisons à la base de la pointe de la Roque, sur laquelle se détachent deux bouquets de feuillage, *le bois Plessis* et *le bois Armel*.

Le chenal que suit le bateau à vapeur va passer au pied de la magnifique falaise de Tancarville : la *Pierre-Gante*, — désignée sur la carte du Dépôt de la Guerre sous le nom de « Aiguille de Pierre-Gand », — haute roche qui s'élève en surplomb au-dessus des atterrissements de la Seine. M. A. Burat, étudiant les grands phénomènes d'érosion qui se sont produits à l'embouchure du fleuve, dit : « Cette magnifique falaise, qui domine les atterrissements dans lesquels elle s'avance, semble un témoin des érosions combinées des courants alluviens qui ont sillonné le thalweg de la Seine et des vagues de la mer, qui ont dû aussi saper la base de ces falaises. — La craie marneuse qui en forme la base a été en effet havée plus facilement, tandis qu'à la partie supérieure la craie blanche, avec ses bancs de silex avait opposé à ses actions érosives une plus grande résistance. Cette partie supérieure restée en surplomb est une des curiosités géologiques de la côte ; c'est un témoignage préhistorique des érosions qui l'ont sculptée. C'est aussi un témoignage des actions énergiques des courants diluviens. — Ces courants, d'après les études de M. Lennier, ont dû avoir, en effet, une action très énergique, car, par suite du soulèvement qui s'est produit par la faille entre Villequier et Fécamp, la craie blanche devait former entre ces deux points une montagne surexhaussée d'environ cent mètres au-dessus du niveau actuel du plateau de Caux. Cette montagne a été rasée par les eaux à un niveau à peu près uniforme. »

Séparé de l'aiguille de Pierre-Gand par une vallée singulièrement et étroitement encaissée qui s'ouvre presque à l'angle saillant de la pointe de *Tancarville*, un autre rocher s'élève brusquement, perpendiculairement, formant un promontoire aigu, dont la crête est enveloppée dans une ceinture étroite de remparts et de tours : c'est le château-fort des anciens Seigneurs de Tancarville, la vieille forteresse féodale qui fut construite par Henry Ier d'Angleterre, le plus jeune des fils du Conquérant. — Dans les traces des fresques qui décoraient la grosse tour carrée, on retrouvait encore, il y a peu d'années, l'écu semé d'angennes des Seigneurs de Tancarville, issus de Raoul fils de Gérald, et grand-chambellan de Guillaume le Bâtard. Lorsqu'au commencement du XIVe siècle cette illustre maison s'éteignit, le domaine passa successivement aux Melun, aux d'Harcourt, et à cette illustre famille de Longueville dont on ne peut écrire le nom sans évoquer le souvenir de cette audacieuse et amoureuse aventurière, Anne Geneviève de Bourbon-Condé, Duchesse de Longueville, qui, un certain jour, s'empara de l'Hôtel de Ville de Paris pour y faire ses couches, et plus tard, abandonnée, repentante, vint, dit-on, mourir à Tancarville. Law, un autre aventurier, aventurier de finance celui-ci, posséda aussi le domaine de Tancarville qui, après la Révolution, fut rendu, par Charles X, à la famille de Montmorency-Fosseux. Actuellement le château de Tancarville appartient au Comte Henri de Lamberty.

A la pointe extrême de la falaise coupée à pic, juste en face de la Pierre-Gante, se dresse une haute tour arrondie, la tour de l'Aigle, qui se termine vers la vallée par une saillie angulaire, un éperon, et à laquelle est accolée une tourelle hexagonale qui contient l'escalier. C'est là qu'étaient déposées, dans une grande salle voûtée, les archives des Seigneurs de Tancarville. — Un long rempart réunit cette tour à la partie la plus ancienne du château, la haute et large tour carrée qui occupe l'angle Sud du triangle que forme la vieille forteresse; elle doit dater du XIIe siècle. Vous y verrez, je vous les ai déjà signalées, quelques traces de peintures murales.

Un chemin qui, sous d'épais ombrages, serpente dans une gorge profonde, la *Sente aux Prisonniers*, conduit à l'entrée du château formée de deux grosses tours jumelles, reliées entre elles par une courtine et précédées d'un boulevard bien défendu. Cette tour, au premier étage, renfermait les prisons et, au second étage, le logement du capitaine.

A l'angle Ouest, au milieu d'un magnifique massif de noyers, s'élève la tour Cocquesart, exhaussée et presque entièrement reconstruite au XVe siècle. On vous montrera encore la tour du Lion ou du Diable, demi-circulaire au dehors de la place, au-dessous de laquelle, dans un sombre cachot, les Seigneurs de Tancarville, dit une vieille légende, tenaient le Diable prisonnier. Que voulaient-ils donc en faire?

Dans l'enceinte, au pied ces courtines qui relient la tour Cocquesart à la tour Carrée, se trouvent les ruines de l'ancien manoir. Le château neuf, grande construction sans style élevée au commencement du XVIIIe siècle, est placé en retour d'équerre de la tour Carrée et domine la vallée de la Seine.

Mlle A. Bosquet, un véritable écrivain de l'époque romantique, termine sa description de Tancarville par ces quelques lignes éloquentes que je veux vous faire lire : « Il semble qu'en présence de ces imposants débris des temps chevaleresques, on ne puisse se défendre d'un appel sympathique aux héroïques souvenirs, d'une mélancolique évocation du passé. Cependant, nous l'avouerons, si nous comprenons les regrets parfois navrants que cause le spectacle de la destruction des monuments de l'art, ce qui nous plaît surtout en contemplant ces tronçons brisés de l'armure féodale de la France, c'est leur état même de ruines ! C'est....., c'est le soleil filant son réseau d'or dans l'arcade vide des fenêtres ; c'est la tour vaincue portant, comme une louve blessée, une large échancrure à son flanc ; ce sont les sombres créneaux, édentés, se découpant sur l'azur lumineux du ciel ; c'est la chaude rouille des murailles ; ce sont leurs fronts humiliés et jaloux cachés sous le manteau du lierre ou sous le voile des plantes grimpantes ; enfin, c'est le charme du présent effaçant le prestige du passé, ou plutôt l'un et l'autre se confondant pour inspirer le plus vif sentiment d'admiration, et nous laissant seulement le regret qu'un stigmate vengeur soit venu s'empreindre sur tant de gloire : le château de Tancarville fut surnommé, par le peuple, *le Fort aux Bourreaux.* » Ces admirables ruines, si pittoresques sur leur falaise perpendiculaire au milieu des grands arbres qui les entourent, tournent vers l'amont du fleuve leurs puissantes murailles en forme de proue.

Après Tancarville, la rive droite de la baie, couverte par les endiguements, est déjà presque entièrement conquise, comblée, par le colmatage. Voyez cette solide jetée qui s'avance à votre droite dans le fleuve : elle lui emprunte une partie de ses eaux pour alimenter le *canal de Tancarville au Havre*, dont voilà la grandiose écluse d'entrée.

Le fleuve, toujours endigué, se rapproche de la rive gauche : vous passerez bientôt au-dessous de la pointe de la Roque, qui limite, au Nord-Ouest, le Marais-Vernier. — Voici un long balissage: *la Risle*, après avoir parcouru la riante vallée de Pont-Audemer, vient confondre, sur ce point, ses eaux avec celles du grand fleuve.

Ici finissent les digues. Vous suivez maintenant le chenal, qui toujours varie, toujours se modifie; vous dépasserez *Conteville*, *Berville-sur-Mer*, les *Roches Godin*, le confluent de la Vilaine, les *Roches à Gervais*, où l'on voit les ruines de l'ancienne *Abbaye de Grestain*, puis l'embouchure d'une petite rivière, la Morette, qui se jette dans la Seine auprès de *Ficquefleur*, dont vous apercevez l'église romane au fond de l'anse gracieuse qui précède *Honfleur*. Voici encore, tout auprès, toujours sur la rive gauche, le confluent de l'*Orange*, et la *Rivière-Saint-Sauveur*, gros village qui jadis avait un petit port, aujourd'hui ensablé.

Le long du chenal on vous a montré une bouée rouge qui signale la place où gît la grande épave de *l'Indus*. — La rive droite, toujours bordée de hautes falaises, s'est gracieusement recourbée de Tancarville au cap du Hode, dont vous voyez le phare, formant une anse large et bien ouverte : de ce point, la falaise se dirige, en droite ligne, sur le cap de la Hève, coupée d'abord, après le Hode, de trois déchirures bizarres, orientées de l'Ouest à l'Est : les vallées de *Sandouville*, d'*Oudalle* et de *Rogerville*. Vous apercevez, sur la hauteur, le beau *château d'Orcher* et son splendide parc, résidence de M. René de Rochechouart, Duc de Mortemart. Voilà, — vous la voyez depuis longtemps déjà, et, plus tard, quand vous traverserez l'estuaire pour visiter Honfleur, pour aller à Trouville, vous la reverrez toujours, — voilà, dis-je, la magnifique flèche d'*Harfleur*, grand amer qui sert de guide aux bateliers de la Basse-Seine.

Votre bateau aborde la jetée de *Honfleur* et repart bientôt; vous dépassez la *Côte de Grâce*, toute verte, toute riante; vous apercevez *Vasouy*, *Pennedepie* et *Cricquebœuf*, puis les roches de Villerville. — Le bateau décrit une grande courbe : vous avez vu sur la rive droite la basse *pointe du Hoc*, où *la Lézarde*, après avoir traversé Harfleur, vient se jeter dans la Seine; vous avez aperçu les bas talus du fort des Neiges, les maisons et l'église de *l'Heure*, le grand faubourg du Havre, derrière lequel, au pied de la colline, s'étend le village de *Grasville-Sainte-Honorine*, dominé par sa splendide église; vous avez laissé à droite le *banc d'Amfard*, à gauche le *banc du Ratier*, que signalent de nombreuses bouées de toutes formes et de toutes couleurs.

Vous arrivez au Havre.

Imp. Lucotte et Cadoux 21, rue Croix-des-Petits-Champs, Paris.

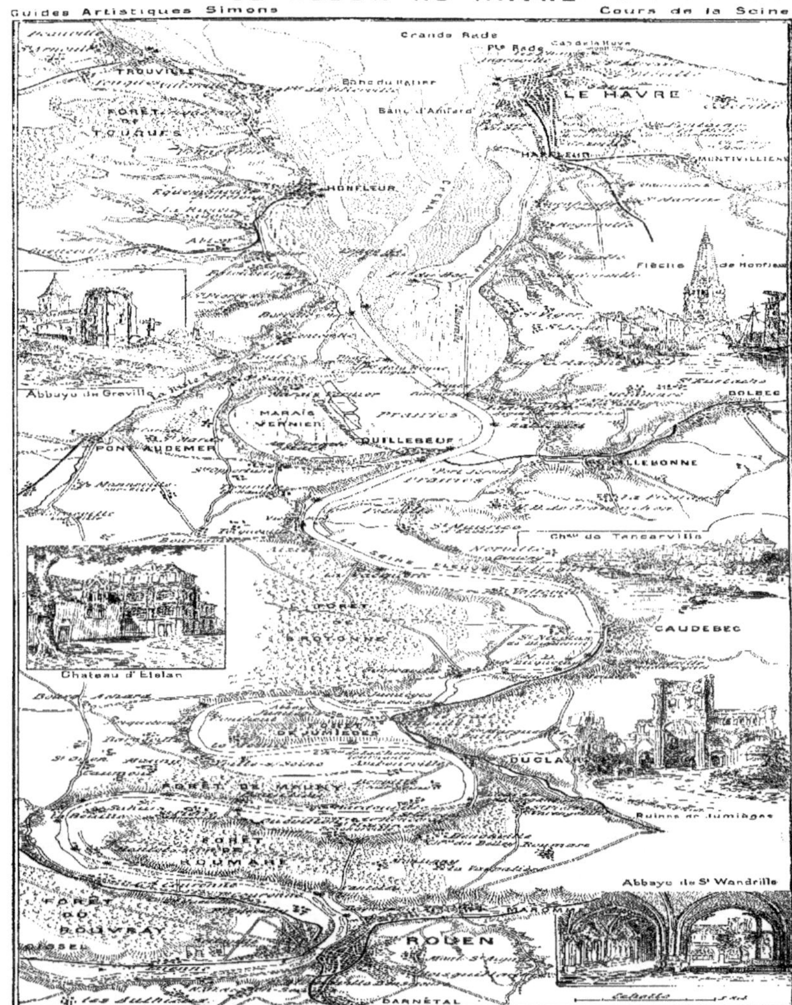

LA SEINE DE ROUEN AU HAVRE

RIVE GAUCHE		RIVE DROITE	
FORÊTS et COURS D'EAU AFFLUENTS	**VILLES, VILLAGES et HAMEAUX**	**VILLES, VILLAGES et HAMEAUX**	**FORÊTS et COURS D'EAU AFFLUENTS**
	Saint-Sever.	Rouen. Déville-les-Rouen. Canteleu. Dieppedalle. Val de la Haye. Hautot.	Forêt Verte. Cailly (ruiss.). Forêt de Roumare versᵗ Est.
Forêt du Rouvray (versᵗ Ouest). Forêt de la Londe (versᵗ Nord)	Petit-Quevilly. Grand Quevilly Petit Couronne. Grand-Couronne. Moulineaux. La Bouille.	Sahurs.	
Forêt de Mauny (versᵗ Est).	Caumont. Mauny. Bardouville. Ambourville.	St Pierre de Manneville Quevillon. St-Georges et S. Martin de Boscherville	Forêt de Roumare versᵗ Ouest.
Forêt de Mauny (versᵗ Ouest).	Berville sur Seine. Anneville sur Seine. Ch. de la Cheminée Tournante. Yville sur Seine. Le Landin. Port Jumièges.	Hénouville. St-Pierre de Varengeville Duclair.	Ste-Austreberte (ruiss. de). Forêt du Trait (versᵗ Sud Est). Forêt de Jumièges (vers. Est).
Forêt de Brotonne (versᵗ Est).	Chapelle du Bout du Vent. [illegible] Guerbaville-la-Mailleraye Notre-Dame-de-Bliquetuit.	Le Mesnil-s.-Jumièges. Conihout de Jumièges. Abbaye de Jumièges. Yainville. Le Trait. Clos Saint-Jouan.	Forêt de Jumièges (versᵗ Ouest) Forêt du Trait (versᵗ Sud Ouest)
Forêt de Brotonne (versᵗ Nord).	St-Nicolas-de-Bliquetuit Vatteville-la-Rue. La Neuville.	Caudebecquet et Abbaye de St Wandrille. Caudebec. (Excursion à St Wandrille et à Ste Gertrude.) Chapelle de Barre-y-Va. Villequier (le Mascaret).	Rançon (ruiss.). Rivière de Caux. Forêt de St Arnoult et de Maulévrier (versᵗ Sud).
Forêt de Brotonne (versᵗ Nord-Ouest)	La Vaquerie. Aizier. Vieux-Port. Trouville la Haule. Quillebeuf.	Norville. St Maurice-d'Etelan. Petitville. (Excursion à N. D. de Gravenchon et à Lillebonne.)	Bolbec (rivière).
Canal de St-Aubin.	Marais Vernier. Sainte-Opportune.	Radicatel. Tancarville. Val Saint-Martin.	Ruiss. de Tancarville. Canal de Tancarville au Havre.
Bois Plessis et Bois Armel. La Risle (rivière).	Pointe de la Roque.	Saint-Vigor.	
	Conteville. Berville-sur-Mer.	Cap du Hode.	
La Vilaine (rivière).	Fiquefleur.	Sandouville.	Vallée de Sandouville.
La Morelle (rivière). L'Orange (rivière). La Claire (rivière). Ruiss. du Moulin de la Haussaye.	La Rivière-St Sauveur. Honfleur. Vasouy. Criquebeuf. Villerville.	Rogerville. Gonfreville-l'Orcher. Harfleur. (Excursion à Montivilliers.) Pointe du Hoc. Graville Ste Honorine. Le Havre.	Vallées d'Oudalle et de Rogerville. La Lézarde (rivière). Forêt de Montgeon.

ESTUAIRE : BANC DU RATIER & BANC D'AMFARD

Guides Artistiques Simons

16, Avenue Carnot, PARIS

ANNÉE 1892

BAINS DE MER DE LA MANCHE

RENSEIGNEMENTS

Ce carnet contient des renseignements pratiques qui doivent être consultés chaque jour par les lecteurs de mes Guides; j'y signale aussi des maisons de premier ordre que je leur recommande spécialement.

TABLE ALPHABÉTIQUE DES RENSEIGNEMENTS

Edmond MAGNIER
Directeur-Rédacteur en chef
10, boulevard des Italiens
(2, PASSAGE DE L'OPÉRA, PARIS)
ABONNEMENTS: 3 MOIS
PARIS, 13 FR. 50 — PROVINCE, 16 FR.
ETRANGER, 17 FR.
SIX FEUILLETONS INÉDITS PAR AN
Correspondances Étrangères
PRIMES NOUVELLES
ÉTRENNES UTILES
ET ARTISTIQUES
AUX ABONNÉS
EDMOND MAGNIER
Administrateur.
L'ÉVÉNEMENT
JOUNAL POLITIQUE et Littéraire du matin
RÉDACTEUR EN CHEF : Edmond MAGNIER
CHRONIQUEURS :
Arsène HOUSSAYE, Anatole de la FORGE, Aurélien SCHOLL, Philibert AUDEBRAND, Henry CEARD, F. CHAMPSAUR, Jules TROUBAT, Jules CAZE. J. BERNARD, ERASME. Gonzague PRIVAT, Paul DOLFUS, etc.
RÉDACTION :
Échos de Paris : LE SPHINX. — Informations politiques : G. ABRIC, BAUDE DE MAURCELEY. — Autour de la Chambre : A. TOURNIER. — Courrier parlementaire: FR. BOCANDÉ. — Actualité, Grand reportage : EUGÈNE CLISSON, H. NADAL, F. CLAVIER, F. RIDAL. — La Chanson politique : FORTUNIO. — La Journée à Paris : H. NADAL. — — Courrier des départements : JULES MARTIN — Chronique Judiciaire : F. ARSAC. — Chronique financière : HENRI PRIVAT. — Bulletin de l'Etranger: EDMOND HIPPEAU. — Critique artistiq. : GONZAGUES PRIVAT — Beaux-Arts : CHARLES LOWENGARD. — Critique littéraire: EDMOND MAGNIER. — Critique dramatique et musicale Courrier des Théâtres : HENRI CÉARD. — Variétés littéraires: H. AVENEL. — Chronique de la Curiosité et du Bibelot (Hôtel Drouot, etc.) : CH. OUDARD. — Chronique de l'Epée : RAPIÈRE — Chronique de la Mode: EDMOND LIA. — Carnet mondain : SEPTFONTAINES Pédagogie, Enseignement : E. LÉAUTEY. — Menus quotidiens: VATELLIUS. — Sport hippique : G. ROBINSON. — Sport nautique : D'ARTIMON.
Correspondances étrangères :
Berlin, Saint-Pétersbourg, Vienne, Rome, Londres, Milan, Constantinople, Athènes, Tunis, Tanger, etc.
Secrétaire de la Rédaction : J.-N. GUNG'L

EXCURSIONS

AU

MONT-SAINT-MICHEL

(1er MAI AU 31 OCTOBRE)

Billets d'aller et retour valables pendant 6 jours

et comprenant le parcours en voiture entre PONTORSON et le MONT :

DE PARIS (Montparnasse) *AU MONT-SAINT-MICHEL*

Par **Folligny** et **Pontorson**, avec passage facultatif, au retour, par **Granville**

1re CLASSE, **49 fr. 40** — 2e CLASSE, **37 fr. 65** — 3e CLASSE, **28 fr. 20**

NOTA. — Il est, en outre, délivré par toutes les gares du réseau de l'Ouest (Grandes lignes), des billets d'aller et retour pour le Mont-Saint-Michel, valables, selon la distance, de 3 à 6 jours et comportant sur le prix des billets simples doublés, des réductions variant entre 25 et 40 0/0. (Consulter les affiches apposées dans les gares.)

EXCURSIONS

A JERSEY ET A GUERNESEY

1° Par GRANVILLE ou SAINT-MALO

Billets directs sur JERSEY (Saint-Hélier) *délivrés toute l'année*

PRIX DES BILLETS

y compris la traversée de France à Jersey (Saint-Hélier) par les steamers du London et South Western-Railway.

DES GARES CI-APRÈS A JERSEY (ST-HÉLIER) OU *vice-versâ*	1re classe	2e classe	3e classe
	fr. c.	fr. c.	fr. c.
I. Billets simples par GRANVILLE			
Paris (St-Lazare ou Montp.)	46 75	31 05	22 40
II. Billets d'aller et retour par GRANVILLE — Valables pendant un mois (non compris le jour de la délivrance)			
Paris (St-Lazare ou Montp.)	70 10	49 05	35 25

DES GARES CI-APRÈS A JERSEY (ST-HÉLIER) OU *vice-versâ*	1re classe	2e classe	3e classe
	fr. c.	fr. c.	fr. c.
III. Billets d'aller et retour par GRANVILLE et St-MALO — Valables pendant un mois (non compris le jour de la délivrance), à l'aller par GRANVILLE, au retour par SAINT-MALO (ou inversement), et permettant d'effectuer l'excursion du *Mont-Saint-Mchel* (parcours en voiture compris dans le prix du billet).			
Paris (St-Lazare ou Montp.)	78 »	55 40	40 15

2° Par PORT-BAIL (non compris la traversée de France à Jersey (Gorey)

De **Paris** (Saint-Lazare) à **Port-Bail** ou *vice versâ*	BILLETS SIMPLES			BILLETS D'ALLER et RETOUR		
	1re cl	2e cl.	3e cl.	1re cl.	2e cl.	3e cl.
	fr. c.	fr. c.	fr. c.	fr. c.	fr. c.	fr. c.
	40 »	27 »	17 60	60 »	43 20	28 15

Les billets d'aller et retour de PARIS à PORT-BAIL sont valables pendant 4 jours (Dimanches et Jours de Fête non compris). La durée de validité de ces billets est étendue à *un mois* pour les voyageurs en provenance ou à destination des *îles anglaises*, sur justification de leur embarquement ou de leur débarquement.

BAINS DE MER

Billets d'Aller et retour délivrés du 1er Mai au 31 Octobre

1° Billets d'Aller et Retour individuels VALABLES PENDANT 4 JOURS

Aller : le *Vendredi* (1), le *Samedi* ou le *Dimanche*. **Retour :** le *Dimanche* ou le *Lundi seulement*

De PARIS aux Gares suivantes :	1re cl.	2e cl.
DIEPPE (Pourville, Puys, Berneval, Criel.	27 »	20 »
LE TRÉPORT (Mers). **EU** (Le Bourg d'Ault, Onival).	30 »	21 »
CANY (Veulettes, Les Petites-Dalles)		
SAINT-VALERY-EN-CAUX (Veules). .		
LE HAVRE (Sainte-Adresse, Bruneval)		
LES IFS (Etretat, Vaucottes-sur-Mer, Bruneval).		
FECAMP (Yport, Etretat, Vaucottes-sur-Mer, Bruneval, Les Petites-Dalles, Les Grandes-Dalles, Saint-Pierre-en-Port)	30 »	22 »
TROUVILLE-DEAUVILLE (Villerville)		
VILLERS-SUR-MER		
HONFLEUR.		
CAEN.		
CABOURG (Le Home-Varaville) . . .		
DIVES ;	33 »	24 »
BEUZEVAL (Houlgate).		
LUC (Lion-sur-Mer) **LANGRUNE, SAINT-AUBIN**. (Prix pour le parcours total)	34 »	25 »
BERNIERES	35 »	26 »
COURSEULLES. Ver-s.-Mer		

De PARIS aux Gares suivantes :	1re cl.	2e cl.
BAYEUX (Arromanches, Port-en-Bessin, Saint-Laurent-sur-Mer, Asnelles)	36 »	27 »
ISIGNY-SUR-MER (Grandcamp-les-Bains, Ste-Marie-du-Mont. . . .	40 »	30 »
MONTEBOURG et **VALOGNES** (Quinéville, St-Vaast-la-Hougue (parcours par le *chemin départemental* de MONTEBOURG et VALOGNES à BARFLEUR, non compris dans le prix du billet)	45 »	34 »
CHERBOURG.	50 »	37 »
PORT-BAIL et **CARTERET**.	50 »	37 »
COUTANCES (Agon, Coutainville, Regnéville)	50 »	37 »
GRANVILLE (Donville, Saint-Pair, Bouillon-Jullouville, Carolles, St-Jean-le-Thomas)	45 »	34 »
EAUX THERMALES		
FORGES-LES-EAUX (Seine-Inférieure) ligne de Dieppe par Gournay . . .	19 »	14 »
BAGNOLES de l'Orne, par Briouze. .	40 »	30 »

(1) Exceptionnellement, ces billets sont valables le Jeudi par les trains partant de Paris dès 6 h. 30 du soir

2° Billets d'Aller et Retour individuels VALABLES PENDANT 33 JOURS

(Jour de la délivrance non compris)

Gares	1re cl.	2e cl.
BAYEUX.		
ISIGNY-SUR-MER		
MONTEBOURG et **VALOGNES**		
CHERBOURG		
PORT-BAIL et **CARTERET**. . . . . ,		
COUTANCES.	56 »	37 80
GRANVILLE.		
St-MALO-St-SERVAN (Paramé Rothéneuf, Cancale (par la gare de la Gouesnière-Cancale)		
DINARD (Saint-Énogat, Saint-Lunaire, Saint-Briac, Lancieux). . .		

Gares	1re cl.	2e cl.
LAMBALLE (Pléneuf, Le Val-André, Erquy, La Garde-St-Cast, Saint-Jacut-de-la-Mer, (par la gare de Plancoët)	59 40	40 10
SAINT-BRIEUC (Portrieux, Saint-Quay	62 10	41 90
LANNION (Perros-Guirec)	71 90	48 55
MORLAIX (Saint-Jean-du-Doigt) . .	73 90	49 90
St-POL-DE-LEON	76 90	51 90
ROSCOFF (Ile de Batz)	77 70	52 45
BREST	82 »	55 35
St-NAZAIRE.	59 70	40 30

Nota. — *Les Prix ci-dessus ne s'appliquent qu'au parcours de chemin de fer.*

Les Billet de PARIS au HAVRE sont admis, au retour, par HONFLEUR, TROUVILLE-DEAUVILLE, ou CAEN, ceux de PARIS à HONFLEUR, TROUVILLE-DEAUVILLE et CAEN sont, admis au retour, par LE HAVRE, la traversée entre LE HAVRE et ces points étant à la charge du voyageur.
Les Billets de PARIS à BEUZEVAL, DIVES et CABOURG sont valables indifféremment *vià* PONT-L'ÉVEQUE ou MÉZIDON. — Les Billets de PARIS à SAINT-MALO-SAINT-SERVAN et DINARD sont indifféremment acceptés, au retour, par l'un ou l'autre de ces deux derniers points

CHEMINS DE FER DE L'OUEST ET DU LONDON BRIGHTON

SERVICE DE PARIS A **LONDRES** Par ROUEN, DIEPPE et NEWHAVEN

En **9 Heures 1/2** par Service de **Jour** | En **11 Heures** par Service de **Nuit**

SERVICES A HEURES FIXES TOUTE L'ANNÉE :

Départs de **Paris-Saint-Lazare** à 9 h. du matin et à 8 h. 50 du soir.

Billets simples, *valables pendant 7 jours*			**Billets d'aller et retour, valab. p. un mois**		
1re CLASSE	2e CLASSE	3e CLASSE	1re CLASSE	2e CLASSE	3e CLASSE
41 fr. **25**	**30** fr. »	**21** fr. **25**	**68** fr. **75**	**48** fr. **75**	**37** fr. **50**
Plus 2 fr. par billet, pour droits de port à Dieppe et à Newhaven.			Plus 4 fr. par billet, pour droits de port à Dieppe et à Newhaven.		

CHEMINS DE FER DE L'ÉTAT

BAINS DE MER DE L'OCÉAN

A. Au départ de Paris : Billets d'aller et retour valables pendant 33 jours (1) délivrés du 1er Mai au 31 Octobre.

PRIX ALLER ET RETOUR	SECTION I			SECTION II		
	1re cl.	2e cl.	3e cl.	1re cl.	2e cl.	3e cl.
De Paris (Montparnasse ou Austerlitz) à	fr. c.	fr. c.	fr. c.	fr. c.	fr. c.	fr. c.
Royan	71 30	52 40	38 15	80 65	61 20	43 60
La Tremblade	74 25	54 20	39 »	83 80	63 30	44 55
Le Chapus	67 20	49 10	35 »	77 05	58 20	40 »
Le Château (île d'Oléron)	68 70	50 60	36 20	78 55	59 70	41 20
Marennes	66 25	48 35	34 50	76 10	57 50	39 45
Fouras	63 90	46 50	33 25	73 75	55 75	38 »
Châtelaillon	62 35	46 15	32 50	71 95	55 25	37 10
La Rochelle	61 10	45 10	31 85	70 50	54 20	36 40
Les Sables-d'Olonne	62 60	46 35	32 60	72 25	57 05	37 30
Saint-Gilles-Croix-de-Vie	64 55	46 55	32 70	74 50	57 30	37 35
De Paris (Montparnasse ou Saint-Lazare) à						
Challans	63 35	44 65	31 35	»	»	»
Bourgneuf	58 50	42 90	30 10	»	»	»
Les Moutiers	58 50	43 30	30 40	»	»	»
La Bernerie	58 50	43 55	30 60	»	»	»
Pornic	58 80	44 30	31 15	»	»	»
Saint-Père-en-Retz	58 50	43 30	30 65	»	»	»
Paimbœuf (2)	59 05	43 30	30 80	»	»	»

Conditions. — Section I : les billets délivrés aux prix de cette section ne sont valables que pour les destinations qu'ils indiquent et ne donnent pas le droit de s'arrêter dans les gares intermédiaires.

Section II : Les billets délivrés aux prix de cette section donnent, tant à l'aller qu'au retour, le droit de s'arrêter aux gares intermédiaires entre Chartres ou Tours d'une part et les stations balnéaires ci-dessus désignées d'autre part.

1. La validité des billets de bains de mer peut être prolongée de 20, 40 ou 60 jours, moyennant le payement d'un supplément de 10, 20 ou 30 p. 0/0. — Ces prolongations ne peuvent être obtenues que si elles sont demandées avant l'échéance des billets.

2. Les porteurs de billets pour Paimbœuf peuvent, soit à l'aller, soit au retour, faire le trajet de Nantes à Paimbœuf dans les bateaux de la Compagnie de navigation de la Basse-Loire.

CHEMINS DE FER DE L'ÉTAT (*Suite*).

B. Au départ de toutes les autres gares du réseau de l'État.

(Paris excepté)

(Prix réduits. — Valables 33 jours (1). — Délivrés du 1er mai au 31 octobre) pour ROYAN, LA TREMBLADE (RONCE-LES-BAINS), LE CHAPUS, LE CHATEAU (ILE D'OLÉRON), MARENNES, FOURAS, CHATELAILLON, LA ROCHELLE, LES SABLES-D'OLONNE, SAINT-GILLES-CROIX-DE-VIE, CHALLANS (ILE DE NOIRMOUTIER, ILE D'YEU, SAINT-JEAN-DE-MONTS), BOURGNEUF (ILE DE NOIRMOUTIER), LES MOUTIERS, LA BERNERIE, PORNIC, SAINT-PÈRE EN RETZ, PAIMBŒUF (SAINT-BREVIN-L'OCÉAN).

Ces billets donnent, tant à l'aller qu'au retour, le droit de s'arrêter à toutes les gares intermédiaires, en se conformant aux conditions inscrites sur les billets.

Billets d'aller et de retour de toute gare à toute gare.

Il est délivré, tous les jours, par toutes les gares, stations et haltes du réseau de l'État et pour tous les parcours sur ce réseau, des billets d'aller et retour à prix réduits.

Pour les relations entre Paris et une gare quelconque, la réduction est de 25 o/o en 1re classe et de 20 o/o en 2e et en 3e classe. Entre deux gares du réseau de l'Etat autres que Paris, la réduction est de 30 o/o jusqu'à 100 kilomètres ; elle croît ensuite d'une manière continue et atteint 40 o/o à 300 kilomètres et au-delà.

Pour les relations qui, par le jeu des prix exceptionnels, bénéficient d'abaissements sur les prix des billets simples, les prix des billets d'aller et retour sont calculés en appliquant le taux de réduction afférent à la distance qui correspond aux prix des billets simples d'après les barêmes kilométriques.

Les coupons de retour sont valables : 1° pour les trajets jusqu'à 100 kilomètres, le jour de l'émission, le lendemain et le surlendemain jusqu'à minuit; 2° pour les trajets de plus de 100 kilomètres, un jour de plus par 100 kilomètres ou fraction de 100 kilomètres.

La durée de validité des billets d'aller et retour peut, à deux reprises, être prolongée de moitié (les fractions de jour comptant pour un jour) moyennant le paiement, pour chaque prolongation, d'un supplément égal à 10 o/o du prix du billet. Toute demande de prolongation doit être faite et le supplément payé avant l'expiration de la période pour laquelle la prolongation est demandée.

Si le délai de validité primitive ou prolongée d'un billet d'aller et retour expire un dimanche ou un jour de fête, ce délai est augmenté de 24 heures; il est augmenté de 48 heures si le jour où il expire est un dimanche suivi d'un jour de fête, ou un jour de fête suivi d'un dimanche.

(Pour les autres conditions, voir le tarif spécial G. V. n° 2).

CHEMIN DE FER DE PARIS A ORLÉANS (suite)

BILLETS D'ALLER ET RETOUR

RÉDUITS DE **25 0/0** EN 1re CLASSE ET DE **20 0/0** EN 2e ET 3e CLASSES

POUR ROYAT ET LAQUEUILLE

PERMETTANT DE VISITER LE **MONT-DORE** ET LA **BOURBOULE**

DURÉE DE VALIDITE : 10 JOURS (non compris les jours de départ et d'arrivée)

Cette durée peut être prolongée de cinq jours, moyennant paiement d'un supplément de 10 0/0 du prix du billet.

Ces billets sont délivrés du **1er Juin** au **30 Septembre** à toutes les gares du réseau d'Orléans.

AVIS. — Les Voyageurs obtiennent, sur leur demande, soit à la gare de départ, soit au bureau du Correspondant de la Compagnie à **Laqueuille**, des billets d'aller et retour réduits de 25 0/0 pour le **Mont-Dore** et **La Bourboule**.

Billets d'ALLER et RETOUR à prix réduits valables pendant trois jours

Du MONT-DORE et de LA BOURBOULE à ROYAT et CLERMONT-FERRAND *et vice versâ.*

EXCURSIONS EN AUVERGNE ET DANS LE LIMOUSIN

PERMETTANT DE VISITER

LE MONT-DORE, — LA BOURBOULE, — ROYAT, — CLERMONT-FERRAND, — NÉRIS ET ÉVAUX

Avec arrêt facultatif à toutes les gares du parcours

La Compagnie d'Orléans délivre, du **1er Juin au 30 Septembre**, des billets d'EXCURSION EN AUVERGNE et dans le LIMOUSIN, valables pendant 30 jours, au départ de PARIS, ORLÉANS, BLOIS, TOURS, LE MANS, ANGERS et NANTES, ainsi qu'aux gares et stations intermédiaires, aux prix réduits ci-après :

STATIONS	1re cl. fr. c.	2e cl. fr. c.	STATIONS	1re cl. fr. c.	2e cl. fr. c.
PARIS	98 »	73 »	TOURS	91 »	68 »
NANTES	113 »	87 »	BLOIS	86 »	64 »
ANGERS	105 »	79 »	ORLEANS	86 »	64 »
LE MANS	103 »	77 »			

ITINÉRAIRE

1° Le parcours entre le point de départ et VIERZON, et *vice versâ*.

2° VIERZON, BOURGES, MONTLUÇON, CHAMBLET-NÉRIS. (Bains de Néris), ÉVAUX (Bains d'Évaux). EYGURANDE, LAQUEUILLE (Bains du Mont-Dore et de la Bourboule), ROYAT (Bains de Royat), CLERMONT-FERRAND, LARGNAC, USSEL, LIMOGES (par TULLE, BRIVE et SAINT-YRIEIX, ou par ÉYMOUTIERS), VIERZON.

STATIONS THERMALES ET BALNÉAIRES DES PYRÉNÉES

Billets de Famille

Des billets de famille comportant une réduction de 25 à 40 0/0 suivant le nombre des personnes, sont délivrés à toutes les gares du réseau pour les stations balnéaires et thermales du Midi, ci-après désignées :

Alet, Arcachon, Argelès-Gazost, Ax-les-Thermes, Bagnères-de-Bigorre, Bagnères-de-Luchon, Banyuls-sur-Mer, Biarritz, Cambo-Ville, Capvern, Céret (Amélie-les-Bains, La Preste, etc.), **Couiza-Montazels, Dax, Guéthary** (halte), **Hendaye, Lamalou-les-Bains, Laruns-Eaux-Bonnes, Oloron-Sainte-Marie Pau, Pierrfitte-Nestalas, Prades** (Le Vernet et Molitg), **Saint-Girons, Saint-Jean-de-Luz, Saint-Flour** (Chaudes-Aigues), **Salies-de-Béarn, Salies-du-Salat et Ussat-les-Bains.**

La durée de validité des billets de famille est de 33 jours, non compris les jours de départ et d'arrivée.

Relations entre PARIS (Gare d'Orléans) et les stations thermales et balnéaires des PYRÉNÉES

Durée de trajet par trains express

DE PARIS A :

Luchon, par Toulouse, en **18** h. environ
Bagnères-de-Bigorre, p. Bordeaux en **15** h. 1/2.
Pierrefitte, » en **16** h.
Pau, » en **14** h. 1/2.
Laruns par **Bordeaux** en **16** h. environ.
Salies-de-Béarn » en **14** h.
Arcachon » en **10** h. 3/4
Biarritz » en **14** h.
Saint-Jean-de-Luz, » en **14** h. 1/2

CHEMINS DE FER DE PARIS A LYON ET A LA MÉDITERRANÉE

BILLETS D'ALLER ET RETOUR DE BAINS DE MER

Sur le réseau P.-L.-M., il est délivré dans toutes les gares, du 1er juin au 15 septembre de chaque année, des billets d'aller et retour de bains de mer individuels et de famille à *prix réduits* pour les stations balnéaires suivantes : Aigues-Mortes, Antibes, Bandol, Beaulieu, Cannes, Hyères, La Ciotat, La Seyne-Tamaris-sur-Mer, Menton, Monaco, Monte-Carlo, Montpellier, Nice, Saint-Raphaël, Toulon et Villefranche-sur-Mer. Ces billets, valables 33 jours, doivent comporter un parcours minimum de 300 kilomètres aller et retour. Réductions importantes atteignant jusqu'à 50 % pour les billets de famille. Arrêts facultatifs. Faculté de prolongation d'une ou plusieurs périodes de 15 jours, moyennant 10 % de supplément pour chaque prolongation.

BILLETS D'ALLER ET RETOUR DE VILLE D'EAUX COLLECTIFS

Il est délivré dans toutes les gares du réseau P.-L.-M., du 15 mai au 15 septembre, sous condition d'effectuer un parcours minimum de 300 kilomètres, aller et retour, aux familles d'au moins quatre personnes payant place entière et voyageant ensemble, des billets d'aller et retour collectifs, pour les stations suivantes : Aix, Aix-les-Bains, Albertville, Bourbon-Lancy, Carpentras, Cette, Chambéry, Charbonnières, Clermont-Ferrand, Cluses, Coudes, Digne, Euzet-les-Bains, Evian-les-Bains, Genève, Gières-Uriage, Goncelin-Allevard, Groisy-le-Plot-la-Caille, La Bastide, Saint-Laurent-les-Bains, Lépin-Lac-d'Aiguebelette, Le Vigan, Manosque, Montélimar, Montpellier, Montrond, Moulins, Pougues, Riom, Ris-Chateldon, Roanne, Sail-sous-Couzan, Saint-Georges-de-Commiers, Saint-Julien-de-Cassagnas, Saint-Martin-d'Estréaux, Salins, Santenay, Sauve, Thonon-les-Bains, Vals-les-Bains-la-Bégude, Vandenesse-Saint-Honoré-les-Bains, Vichy, Villefort. Le prix s'obtient en ajoutant au prix de six billets simples ordinaires, le prix d'un de ces billets pour chaque membre de la famille en plus de trois. Les trois premières personnes payent donc le plein tarif et la quatrième et les suivantes le demi-tarif. Validité : 30 jours, avec faculté de prolongation de 15 jours, moyennant 10 % pour chaque prolongation.

EXCURSIONS A CHAMONIX (MONT-BLANC)

Il est délivré à Paris, pendant toute l'année, à des prix réduits, des billets d'aller et retour pour Chamonix (vià Cluses) donnant aux voyageurs la faculté de s'arrêter à toutes les gares situées sur le parcours : 1re classe 127 fr. 05 ; 2e classe 95 fr. 40 ; 3e classe 67 fr. 05. Validité : 15 jours.

Il est délivré, en outre, pendant la saison d'été, aux gares de Genève, Evian-les-Bains, Annecy, Chambéry, Albertville, des billets de voyages circulaires, à prix réduits, permettant de se rendre à Chamonix, et de visiter en même temps une partie plus ou moins grande de la région alpestre.

EXCURSIONS EN ITALIE

Billets d'aller et retour de Paris à Turin, à Milan et à Venise, vià Mont-Cenis, ou réciproquement, valables 30 jours : 1re classe 147 fr. 60 ; 2e classe 106 fr. 10 de Paris à Turin — 1re cl. 166 fr. 35 ; 2e classe 119 fr. de Paris à Milan — 1re classe 216 fr. 35 ; 2e classe 154 fr. de Paris à Venise — Franchise de 30 kilogrammes de bagages sur les parcours P.-L.-M. — Arrêts facultatifs sur tout le parcours. La durée de validité des billets d'aller et retour Paris-Turin est portée gratuitement à 60 jours, lorsque le voyageur justifie avoir pris à Turin un billet de voyage circulaire intérieur italien ; ces mêmes billets peuvent encore être prolongés d'une période unique de 15 jours moyennant le paiement de 14 fr. 75 en 1re classe et de 10 fr. 60 en 2e classe.

EXCURSIONS EN SUISSE

Billets d'aller et retour de Paris à Berne et à Interlaken, vià Dijon, Pontarlier, Neuchâtel ou réciproquement, valables pendant 60 jours, de Paris à Berne : 1re classe 102 fr. ; 2e classe 76 fr. ; 3e classe 56 fr. — De Paris à Interlaken : 1re classe 114 fr. ; 2e classe 86 fr. ; 3e classe 62 fr. — Franchise de 30 kilogrammes de bagages sur le réseau P.-L.-M. — Arrêts facultatifs, sur tout le parcours. Ces billets sont délivrés, du 15 avril au 15 octobre, à la gare de Paris-Lyon et dans les bureaux succursales et agences de la Compagnie P.-L.-M.

BILLETS DE VOYAGES CIRCULAIRES A ITINÉRAIRES FIXES de 1re et 2e classe, à prix réduits, pour excursions en France, en Algérie, en Tunisie, en Italie, en Suisse, en Autriche et en Espagne. — Arrêts facultatifs. — Combinaisons très variées. — Délivrance permanente des billets. Consulter le Livret-Guide de la Compagnie P.-L.-M. vendu 0 fr. 30 dans toutes les gares du réseau.

BILLETS INDIVIDUELS ET BILLETS DE FAMILLE DE VOYAGES CIRCULAIRES ITINÉRAIRES TRACÉS PAR LES VOYAGEURS EUX-MÊMES, 1re, 2e et 3e classe, pour excursions sur le réseau P.-L.-M. Validité : 30, 45 ou 60 jours. Faculté de prolongation. Réductions importantes. Arrêts facultatifs. Délivrance permanente des billets dans toutes les gares du réseau. Demander les billets 5 jours à l'avance. Consulter le Livret-Guide de la Compagnie P.-L.-M. vendu 0 fr. 30 dans toutes les gares du réseau.

BILLETS D'ALLER ET RETOUR

Sur le réseau P.-L.-M., il est délivré toute l'année des billets d'aller et retour en 1re, 2e et 3e classe savoir : 1° de Paris à toutes les gares du réseau et réciproquement ; 2° de ou pour les gares de Lyon et les gares de Marseille, y compris la Blancarde, dans un rayon de 600 kilomètres ; 3° de ou pour la gare de Saint-Etienne dans un rayon de 300 kilomètres ; 4° de ou pour les gares des chefs-lieux de département et villes assimilées dans un rayon de 150 kilomètres ; 5° de ou pour les gares des chefs-lieux d'arrondissement et villes assimilées dans un rayon de 75 kilomètres ; 6° de toutes les gares du réseau pour Paray-le-Monial, sans réciprocité. La durée de validité de ces billets est fixée comme suit : jusqu'à 200 kilomètres, 2 jours ; de 201 jusqu'à 300, 3 jours ; de 301 jusqu'à 400, 4 jours ; de 401 jusqu'à 500, 5 jours ; de 501 jusqu'à 700, 6 jours ; de 701 jusqu'à 900, 7 jours ; au-delà de 900 kilomètres 8 jours. La durée de validité de ces billets peut-être, à deux reprises, prolongée de moitié, moyennant le paiement, pour chaque prolongation, d'un supplément égal à 10 % du prix du billet.

EXCURSIONS AU MONT-ROSE

Service direct entre Paris et Zermatt (Mont-Rose, vià Dijon, Pontarlier, Lausanne). Trajet rapide en 20 heures. — Départ de Paris : 7 heures 50 soir, arrivée à Zermatt à 4 h. 25 soir. 1re classe 88 fr. 75 ; 2e classe 65 fr. 65 ; 3e classe 43 fr. 20. Consulter les prospectus détaillés distribués gratuitement dans les principales gares du réseau P.-L.-M.

MOUVEMENT DES MARÉES — AOUT 1892

Les jours décroissent de 43 minutes le matin et de 55 minutes le soir.

le 8, à 0 h. 7 soir ; D. Q. le 15, à 6 h. 47 mat. ; N. L. le 22, à 11 h. 8 mat. ; P. Q. le 30 à 1 h. 38 soir

Dates	PLEINES MERS								BASSES MERS							
	LE HAVRE				SAINT-MALO				LE HAVRE				SAINT-MALO			
	MATIN		SOIR		MATIN		SOIR		MATIN		SOIR		MATIN		SOIR	
	h. m.	m.c.	h. m.	m.c.	h. m.	m. c.	h. m.	m. c.	h. m.	m.c.	h. m.	m.c.	h. m.	m. c.	h. m.	m.c.
1 L	2.38	6,50	3. 7	6,30	11.28	9,15	11.51	9,10	9.48	2,45	10.12	2,70	5.49	4,15	6.14	4,50
2 M	3.39	6,25	4.13	6,10	». »	», »	».18	8,75	10.40	2,70	11.12	2,85	6.42	4,60	7.14	4,80
3 M	4.51	6,05	5.31	6,10	».51	8,70	1.30	8,75	11.48	2,85	». »	», »	7.55	4,80	8.36	4,80
4 J	6. 6	6,15	6.40	6,30	2.12	8,80	2.55	9,20	».27	2,85	1. 6	2,75	9.17	4,60	9.57	4,45
5 V	7. 6	6,40	7.30	6,60	3.34	9,35	4. 9	9,85	1.43	2,60	2.16	2,45	10.30	4.15	11. 2	3,85
6 S	7.51	6,70	8.12	7,00	4.39	9,95	5. 6	10,55	2.46	2,25	3.13	2,10	11.31	3,55	11.57	3,10
7 D	8.32	7,00	8.51	7,30	5.31	10,55	5.53	11,30	3.40	1,85	4. 6	1,75	». »	» »	».23	2,85
8 L	9.10	7,35	9.29	7,55	6.15	11,20	6.35	11,85	4.30	1,50	4,54	1,40	».45	2,40	1. 8	2.20
9 M	9.47	7,50	10. 6	7,70	6.55	11,75	7.15	12,30	5.16	1,15	5.38	1,15	1.30	1,80	1.52	1,80
10 M	10.27	7,65	10.47	7,80	7.35	12,15	7.54	12,55	5.58	0,90	6.18	0,95	2.10	1.35	2.31	1,45
11 J	11. 7	7,70	11.27	7,80	8.14	12,35	8.32	12,70	6.37	0,80	6.55	0,90	2.50	1,15	3. 8	1,30
12 V	11.49	7,65	». »	», »	8.52	12,35	9.12	12,40	7.13	0,80	7.33	0,95	3.28	1,15	3.45	1,45
13 S	».11	7,75	».35	7,55	9.31	12,00	9.51	11,90	7.52	0,95	8.10	1,15	4. 2	1,35	4.20	1,80
14 D	».59	7,55	1.25	7,35	10.12	11,40	10.34	11,14	8.30	1,20	8.51	1,50	4.39	1,90	4.57	2,40
15 L	1.53	7,30	2.23	7,00	10.57	10,60	11.20	10,10	9.12	1,65	9.37	1,95	5.16	2,65	5.41	3,25
16 M	2.56	6,85	3.33	6,65	11.47	9,65	». »	», »	10. 5	2,10	10.38	2,30	6. 6	3,55	6.39	3,90
17 M	4.15	6,55	5. »	6,50	».19	9,30	».59	9,30	11.17	2,45	». »	», »	7.21	4,15	8. 9	4,20
18 J	5.46	6,45	6.27	6,60	1.47	9,20	2.38	9,50	». 1	2,50	».47	2,45	8.54	4,15	9.45	3,90
19 V	7. 1	6,65	7.29	6,90	3.27	9,70	4. 8	10,20	1.32	2,30	2.13	2,20	10.26	3,75	11. 4	3,35
20 S	7.55	6,90	8.18	7,25	4.43	10,35	5.14	10,90	2.47	2,00	3.18	1,85	11.36	3,10	». »	», »
21 D	8.39	7,25	8.58	7,45	5.39	10,95	6. 2	11,50	3.47	1,60	4.16	1,55	». 5	2,60	».32	2,50
22 L	9.18	7.40	9 35	7,55	6.23	11,50	6.42	12,05	4.40	1,30	5. 2	1,30	».53	2,05	1.16	2,10
23 M	9.52	7,50	10. 8	7,65	7. »	11,80	7.17	12,20	5.23	1,10	5.42	1,15	1.36	1,75	1.55	1,90
24 M	10.25	7,55	10.42	7,65	7.33	11,90	7.50	12,15	5.59	1,05	6.14	1,15	2.11	1,55	2.27	1,80
25 J	10.57	7,50	11.13	7,55	8. 4	11,85	8.19	11,90	6.29	1,05	6,44	1,20	2.43	1,65	2.57	1,90
26 V	11.28	7,40	11.44	7,45	8,33	11,65	8.48	11,70	6.58	1,15	7.11	1,35	3.14	1,80	3.26	2,15
27 S	». »	», »	0. 0	7,25	9. 2	11,25	9.17	11,25	7.25	1,35	7.40	1,60	3.39	2,20	3.52	2,60
28 D	».17	7,25	».35	7,00	9.31	10,80	9,47	10,60	7.53	1,65	8. 8	1,90	4. 5	2,75	4.18	3,15
29 L	».53	6,90	1.12	6,70	10. 3	10,15	10.20	9,85	8.22	2,05	8.39	2,25	4.32	3,45	4.47	3,85
30 M	1.35	6,55	2. »	6,35	10.39	9,50	11. »	8,90	8.57	2,45	9.17	2,70	5. 5	4,15	5.21	4,50
31 M	2.28	6,20	3. 2	6,05	11.24	8,60	11.54	8,25	9.41	2,90	10.11	3,05	5.43	4,80	6.13	'510

MOUVEMENT DES MARÉES — SEPTEMBRE 1892

Les jours décroissent de 41 minutes le matin et de 1 heure 1 minute le soir.

L. le 6, à 9 h. 17 soir ; D. Q. le 13 à 0 h. 59 soir ; N. L. le 21 à 1 h. 26 matin ; P. Q. le 29 à 6 h. 29 mat.

Dates	PLEINES MERS								BASSES MERS							
	LE HAVRE				SAINT-MALO				LE HAVRE				SAINT-MALO			
	MATIN		SOIR		MATIN		SOIR		MATIN		SOIR		MATIN		SOIR	
	h. m.	m.c.	h. m.	m.c.	h. m.	m. c.	h. m.	m. c.	h. m.	m.c.	h. m.	m.c.	h. m.	m. c.	h. m.	m.c.
1 J	3.43	5,90	4.32	5,95	». »	», »	».34	8,40	10.51	3,15	10.37	3,10	6.52	5,30	7.43	5,30
2 V	5.23	5,90	6. 9	6,15	1.22	8,35	2.15	8,80	». »	», »	».25	3,05	8.33	5,10	9.22	4,80
3 S	6.46	6,20	7.13	6,55	3. 4	9,05	3.44	9,65	1.12	2,85	1.51	2,65	10. 2	4,45	10.39	3,90
4 D	7.35	6,70	7.56	7,05	4.17	9,90	4.46	10,65	2.25	2,35	2.53	2,10	11.11	3,55	11.36	2,95
5 L	8.16	7,15	8.35	7,45	5.10	10,80	5.34	11,55	3.18	1,80	3.43	1,60	». »	». »	». 2	2,55
6 M	8.52	7,50	9.10	7,75	5.55	11,60	6.15	12,35	4. 8	1,25	4.31	1,15	».25	1,95	».47	1,80
7 M	9.29	7,75	9.47	7,95	6.35	12,35	6,54	12,90	4.54	0,85	5.15	0,80	1. 8	1,20	1.30	1,15
8 J	10. 4	7,95	10.24	8,05	7.13	12,75	7.32	13,25	5.37	0,60	5.56	0,60	1.49	0,70	2. 9	0,80
9 V	10.43	8,00	11. 3	8,05	7.51	13,00	8.10	13,20	6.14	0,45	6.33	0,55	2.27	0,45	2.46	0,70
10 S	11.23	7,90	11.43	7,90	8.29	12,80	8.47	12,80	6.51	0,55	7. 8	0,70	3. 6	0,60	3.23	0,95
11 D	». »	», »	». 4	7,70	9. 6	12,30	9.26	12,05	7.27	0,80	7.46	1,05	3.41	1,15	3.57	1,65
12 L	».28	7,60	».53	7,40	9.47	11,50	10. 8	11,05	8. 6	1,25	8.26	1,55	4.17	1,95	4,35	2,55
13 M	1.20	7.30	1.52	6,90	10.33	10,50	10,59	9,85	8.48	1,85	9.13	2,15	4.56	3,05	5.18	3,60
14 M	2.26	6,65	3. 7	6,45	11.28	9,50	». »	», »	9.43	2,50	10.20	2,70	5.44	4,20	6.21	4,50
15 J	3.57	6,20	4.52	6,25	». 5	8,90	».52	8,90	11. 5	2.90	11.57	2.80	7. 7	4,80	8. 5	4,70
16 V	5.46	6,20	6.29	6,50	1.47	8,70	2.42	9,10	». »	», »	».49	2,75	8.58	4,60	7.47	4,20
17 S	7. 2	6,55	7.28	6,85	3.28	9,35	4. 7	9,90	1.34	2,50	2.13	2,30	10.26	3,90	11. »	3,35
18 D	7.51	6,90	8.10	7,25	4.38	10,25	5. 4	10,80	2.43	2,00	3.11	1,90	11.29	3,15	11.52	2,55
19 L	8.28	7,25	8.44	7,45	5.26	10,95	5.45	11,40	3.35	1,60	3.58	1,55	». »	», »	».17	2,50
20 M	9. »	7,45	9.15	7,60	6. 4	11,50	6.20	11,85	4.20	1,20	4.40	1,30	».36	2,05	».54	2,10
21 M	9.30	7,55	9.44	7,65	6.36	11,80	6.51	12,10	4.57	1.05	5.15	1,10	1.12	1,65	1.29	1,75
22 J	9.58	7,60	10.11	7,65	7. 6	12,00	7.20	12,25	5.31	1,00	5.46	1,05	1.44	1,55	1.59	1,65
23 V	10.25	7,60	10.39	7,60	7.33	11,95	7.47	12,00	6. »	1,05	6,13	1,10	2.12	1,55	2.26	1,75
24 S	10.53	7,50	11. 7	7,45	8. »	11,75	8.14	11,80	6.26	1,15	6.39	1,25	2.39	1,80	2.53	2,10
25 D	11.21	7,35	11.36	7,30	8 27	11,45	8.41	11,35	6.52	1,30	7. 4	1,50	3. 5	2,15	3.20	2.50
26 L	11.52	7,15	». »	», »	8.55	11,05	9. 9	10,70	7.18	1,65	7.33	1,85	3.32	2,70	3.45	3,10
27 M	». 7	7,00	».26	6,80	9.24	10,50	9,41	10,05	7.47	2,05	8. 1	2,25	3.58	3,45	4 12	3,75
28 M	».47	6,60	1. 9	6,50	10. »	9,70	10.21	9,20	8.19	2,50	8.38	2,70	4.29	4,20	4.47	4,50
29 J	1.37	6,20	2.10	6,10	10.47	8,80	11.18	8.35	9. 1	3,00	9.31	3,10	5. 8	5,00	5.34	5,20
30 V	2.53	5,90	3.46	5,95	11.56	8,30	». »	», »	10.10	3,30	10.57	3,30	6.11	5,45	6.58	5,35

GUIDES
artistiques
SIMONS
PARIS
16, Avenue
Carnot

E. ALIX

www.ingramcontent.com/pod-product-compliance
Lightning Source LLC
LaVergne TN
LVHW020020170826
845678LV00001B/70

* 9 7 8 2 3 2 9 7 7 6 8 4 2 *